島の不思議を凸凹地図で体感！

大人のための離島探訪

東京地図研究社・著

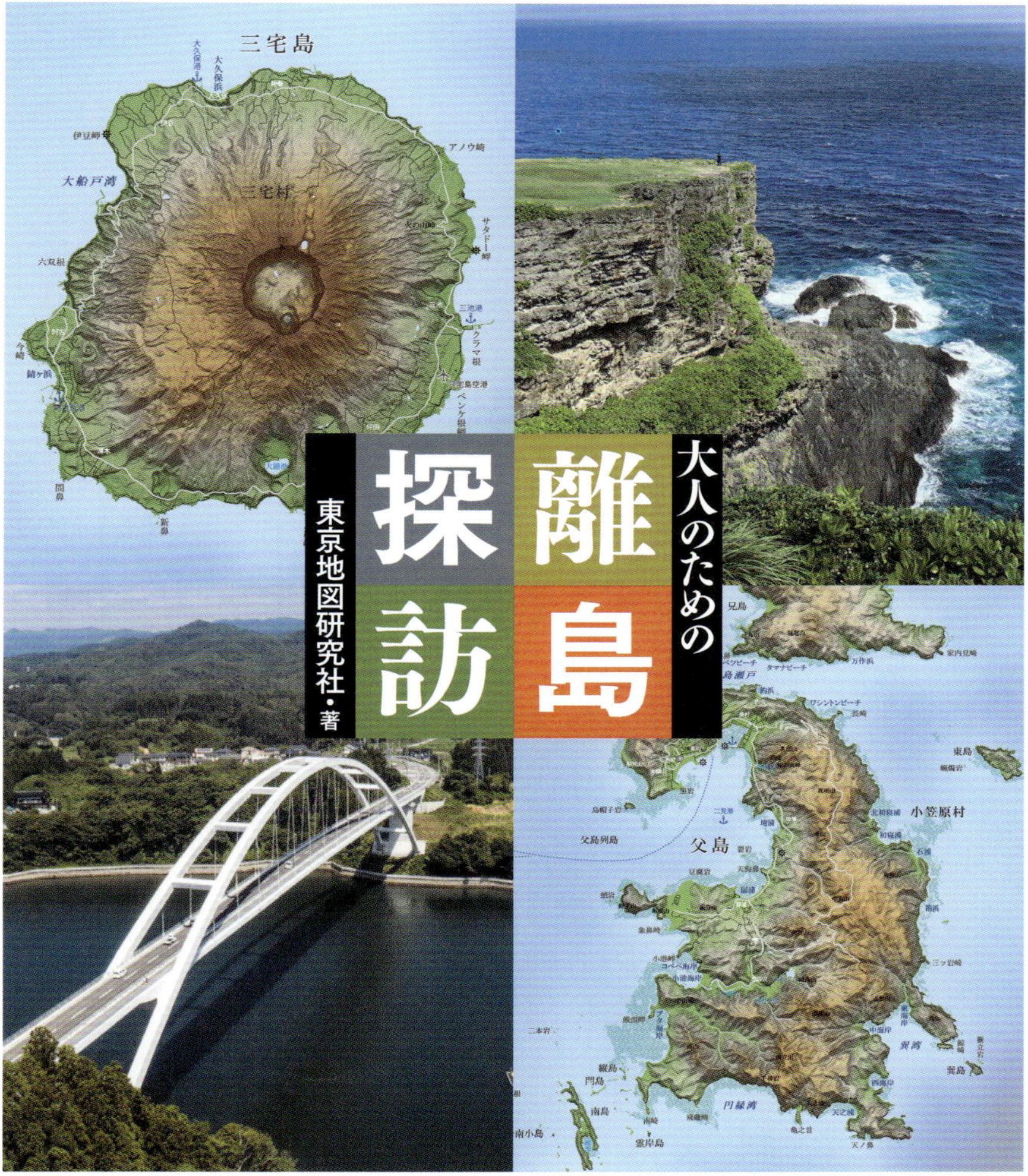

技術評論社

はじめに

「花綵《かさい》列島」という言葉がある。アリューシャン列島から日本列島を経て、台湾に至る島々の連なりを花飾りに喩えたものである。花の色や形が無数にあるように、島々にも様々な特色があり、互いに絡み合いながら多様な自然や文化を育んできた。本書はそんな島々の実像にスポットを当て、６つのカテゴリー(大分類)・12のテーマに分け、独自に調製した地形図(陰影段彩図)とともにその魅力を深掘りすることを目指した大人のための島巡りガイドブックである。

有数の島国である日本は世界的にも早くから島の振興を図ってきた。１９５３年に制定された離島振興法は、戦後復興の中で本土から取り残された離島の港湾やインフラを整備し、その不利を解消することを目的としていた。当時アメリカの施政下にあった小笠原・奄美・沖縄にも政権移行とともに個別に振興法が整備され、これらが現代まで日本の離島政策の基盤となっている。離島振興法制定から70年以上が経過し、島の過疎化や国境防衛の観点から離島振興の位置づけも変化しつつある。さらに２０１７年には、国境域の島々の地域社会維持に焦点を当てた有人国境離島法も制定されている。

こうした施策により多くの離島の住環境は向上しつつあるが、産業形態やエネルギー資源の遷移、少子高齢化や感染症といった社会の変容は島々にも容赦なく波及し、かつての隆盛を失い福祉や教育システムを維持できず無人化する島も少なくない。一方で、新たな「島おこし」や産業開発により観光客や移住者を惹きつけ、転入人口が増加している島もある。

『日本の島嶼の構成』(国土交通省・２０２４年４月１日現在)では、日本の有人島は４１７島とされる。無人島も含めればその数は優に１万を超える。北海道・本州・四国・九州の４大島と沖縄島を中心に、北から南まで膨大な数の島々で構成されるのが日本の真の姿であり、いかなる形であっても、その島々を維持していくことが島国の避けられない宿命であろう。そのためには、島の成り立ちや風土を理解し、厳しい環境ながらも逞しく生きる島の人々や、独自に進化した生態系の存在を知ることが重要になる。

どんなことにも表と裏があるように、光が当たっている部分があれば、その裏側には人知れぬ歴史が隠されているものだ。本書でそんな離島の奥深き姿に少しでも興味を持って頂ければ、望外の喜びである。

執筆者を代表して　(小竹尊晴・石川剛)

はじめに 2
索引図 6
本書について 10

第1章 旧跡と遺産 島が語る歴史 11
厳島 12
大三島 14
宗像大島・沖ノ島 16
久賀島・奈留島・若松島・中通島・頭ヶ島 18
黒島 22
天草下島 24
鳥羽諸島 28
北木島 30
池島 32
北大東島 34
竹生島 36
出羽島 37
佐渡島 38
大崎下島 42
塩飽本島 44
的山大島 46
猿島 48
友ヶ島 49
江田島 50
大久野島 52
似島 54
大津島 56
蓋井島 58
来島 60

第2章 地質と地形 島の成り立ち 61
利尻島 62
気仙沼大島 64
伊豆大島 66
三宅島 68
神津島 70
八丈島 72
青ヶ島 74
粟島 76
口永良部島 78
桜島 80

薩摩黒島 82
淡路島 84
隠岐諸島 88
姫島 92
鹿島 94
喜界島 96
甑島列島 98
小値賀島 100
御所浦島・牧島 102
諏訪之瀬島 104
八幡浜大島 106

第3章 生態と文化 島が育む生命

107
天売島・焼尻島 108
新島 110
対馬 112
屋久島 116
奄美大島・加計呂麻島 120
南大東島 124
西表島 126
屋我地島 130
与那国島 132
田代島 134
見島 136
口之島 138
徳之島 140
コラム1 島の数のナゾ 142

第4章 食文化 島を味わう

143
奥尻島 144
母島 146
小豆島 148
久米島 150
壱岐島 152
伊吹島 154

第5章 暮らしと風土 島を歩く

155
粟島・志々島 156
津和地島・怒和島・二神島 158

沖の島 160
竹富島 162
小呂島 164
保戸島 165
礼文島 166
城ヶ島 168
佐久島 169
家島諸島 170
直島 172
大入島 174
沖永良部島 176
沖島 178
神集島 179
コラム2 これも「島」!? 180
第6章 異境との交流 世界と繋がる島 181
浦戸諸島 182
父島 184
紀伊大島 186
周防大島・沖家室島 188
福江島 190
種子島 192
宮古諸島 196
北方四島：択捉島、国後島、色丹島、歯舞群島 200
竹島：女島(東島)、男島(西島) 202
尖閣諸島：魚釣島、北小島、南小島、久場島、大正島 203
参考文献 204
あとがき 206
執筆者略歴 207

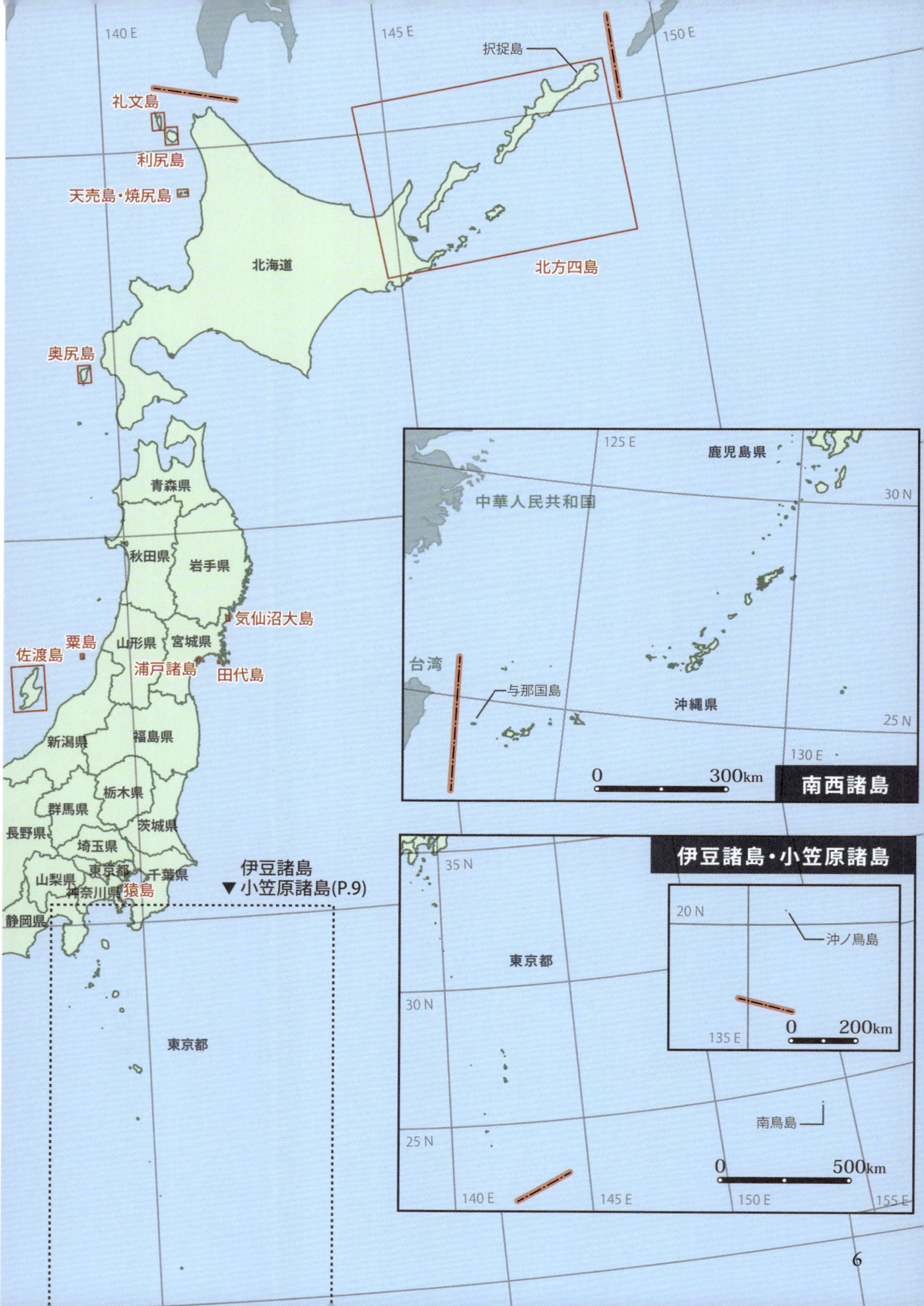

140 E
145 E
150 E
択捉島
礼文島
利尻島
天売島・焼尻島
北海道
北方四島
奥尻島
青森県
秋田県
岩手県
気仙沼大島
粟島
山形県
宮城県
佐渡島
浦戸諸島
田代島
福島県
新潟県
栃木県
群馬県
茨城県
長野県
埼玉県
山梨県
東京都
千葉県
神奈川県
猿島
静岡県
伊豆諸島
▼小笠原諸島(P.9)
東京都
125 E
鹿児島県
30 N
中華人民共和国
台湾
与那国島
沖縄県
25 N
130 E
0
300km
南西諸島
伊豆諸島・小笠原諸島
35 N
20 N
沖ノ鳥島
東京都
30 N
135 E
0
200km
南鳥島
25 N
0
500km
140 E
145 E
150 E
155 E

索引図

135 E
45 N
125 E
130 E
ロシア連邦
中華人民共和国
朝鮮民主主義人民共和国
40 N
大韓民国
35 N
竹島
隠岐諸島
石川県
富山県
福井県
蓋井島
竹生島
岐阜県
鳥取県
宗像大島・沖ノ島
島根県
京都府
兵庫県
沖島
愛知県
対馬
滋賀県
岡山県
佐久島
小呂島
広島県
大阪府
三重県
鳥羽諸島
山口県
徳島県
奈良県
壱岐島
福岡県
香川県
的山大島
和歌山県
愛媛県
高知県
小値賀島
神集島
紀伊大島
佐賀県
大分県
久賀島・奈留島
黒島
大入島
保戸島
若松島・中通島
池島
瀬戸内海(P.8)
長崎県
熊本県
沖の島
福江島
天草下島
御所浦島・牧島
宮崎県
甑島列島
鹿児島県
0
200km
桜島
南西諸島(P.9)
鹿児島県

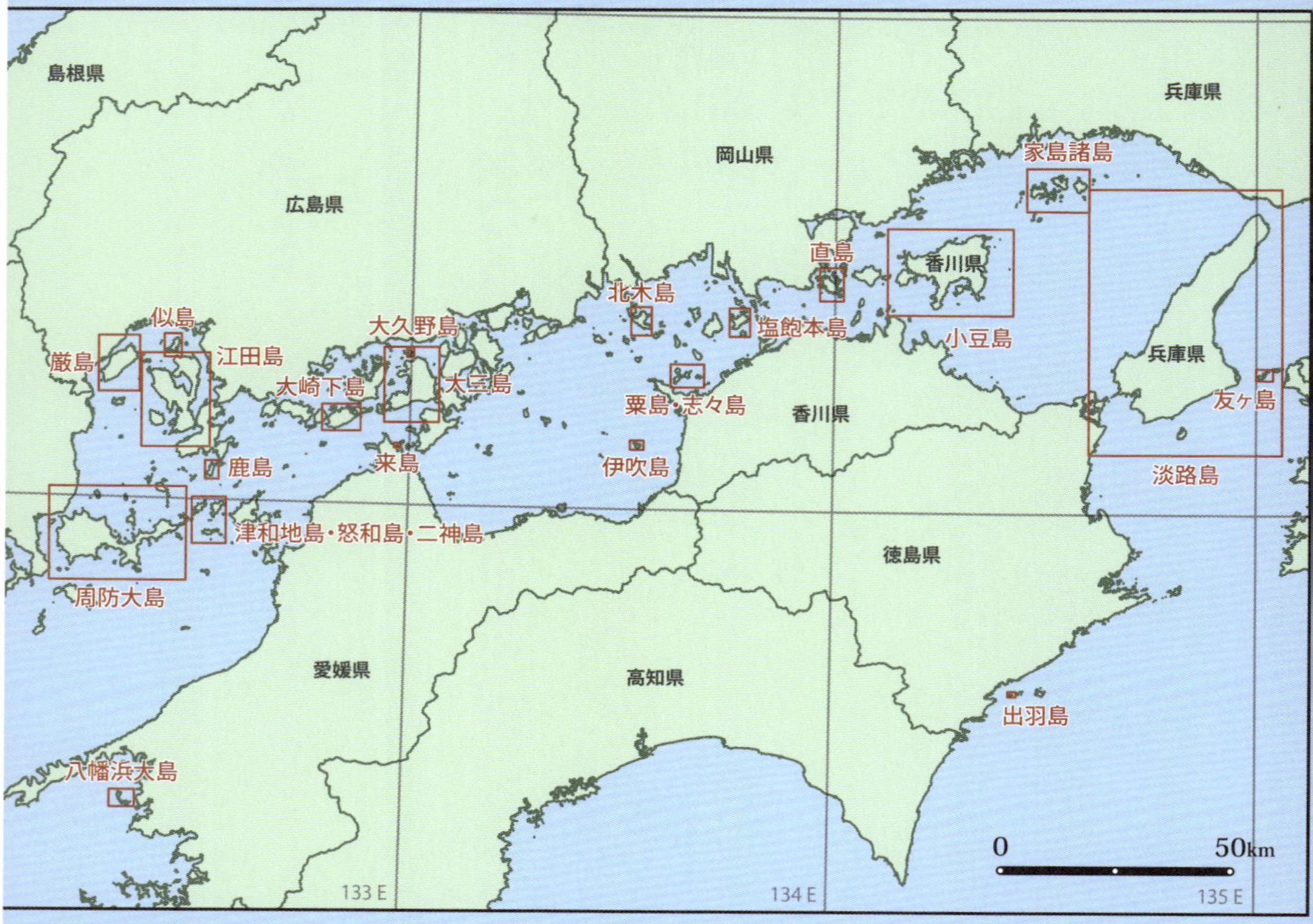

島根県
広島県
岡山県
兵庫県
家島諸島
香川県
直島
北木島
塩飽本島
小豆島
似島
大久野島
厳島
江田島
大崎下島
大三島
粟島・志々島
香川県
兵庫県
友ヶ島
鹿島
来島
伊吹島
淡路島
津和地島・怒和島・二神島
徳島県
周防大島
愛媛県
高知県
出羽島
八幡浜大島
0
50km
133 E
134 E
135 E

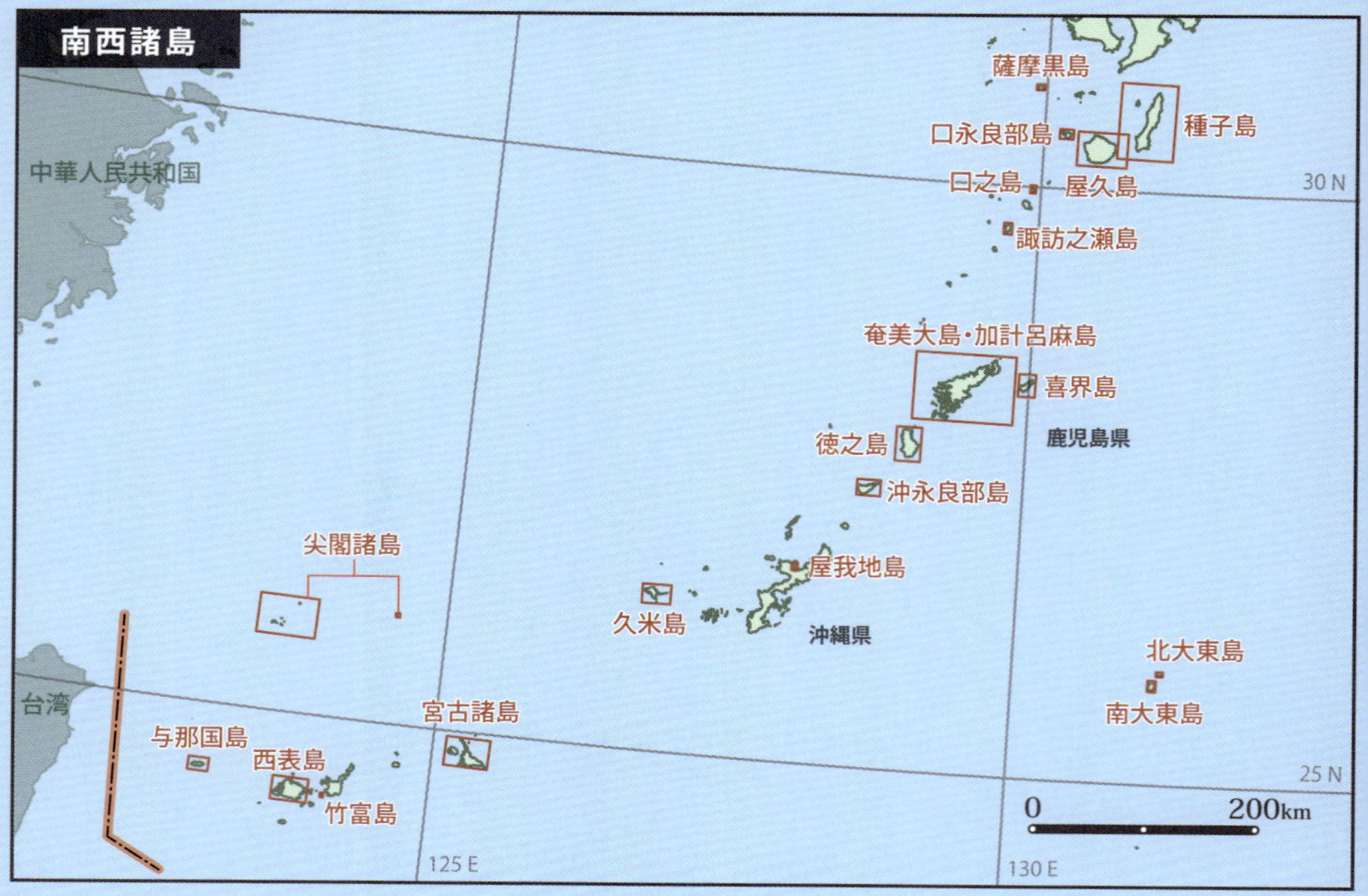

南西諸島
薩摩黒島
種子島
口永良部島
中華人民共和国
口之島
屋久島
30 N
諏訪之瀬島
奄美大島・加計呂麻島
喜界島
鹿児島県
徳之島
沖永良部島
尖閣諸島
屋我地島
久米島
沖縄県
北大東島
台湾
南大東島
宮古諸島
与那国島
西表島
25 N
竹富島
0
200km
125 E
130 E

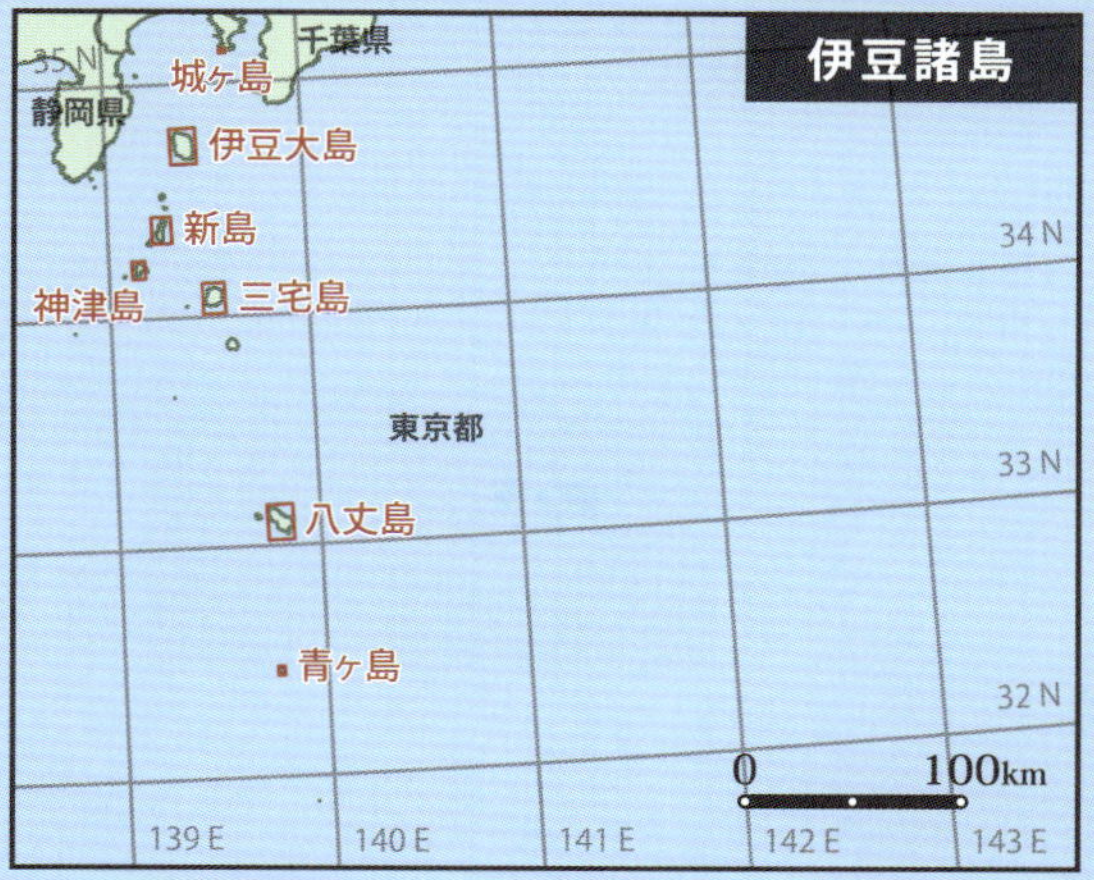

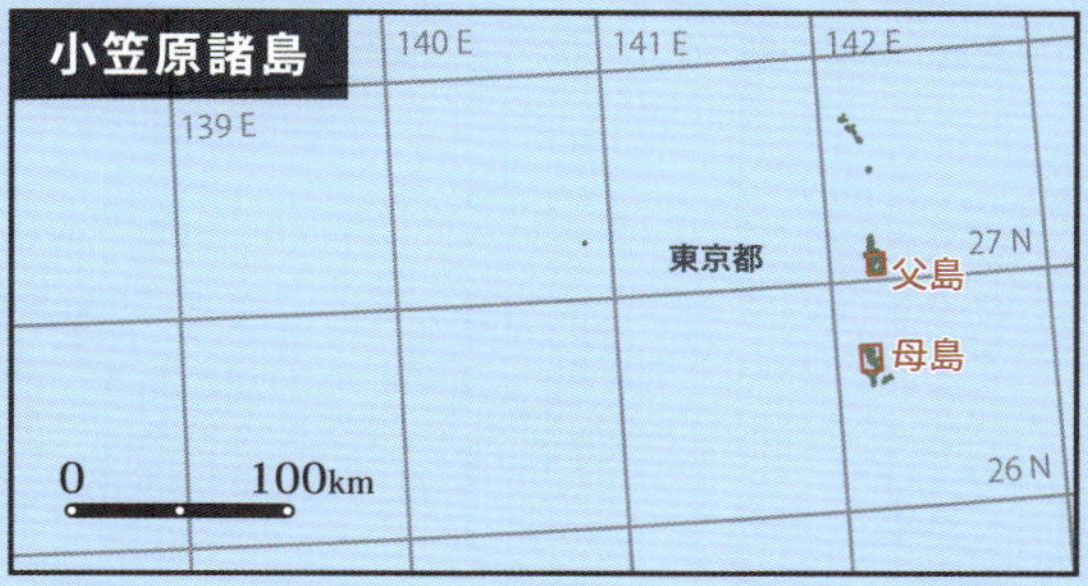

凡例

- 市区町村界
- 所属界
- 国境
- 航路
- 新幹線
- JR
- JR以外の鉄道
- 索道
- 特殊鉄道
- 干潟
- 湿地
- 砂礫地
- サンゴ礁
- 高速道路（通常部）
- 高速道路（橋・高架）
- 高速道路（トンネル）
- 国道（通常部・雪覆い）
- 国道（橋・高架）
- 国道（トンネル）
- 都道府県道（通常部・雪覆い）
- 都道府県道（橋・高架）
- 都道府県道（トンネル）
- 市区町村道（通常部）
- 市区町村道（橋・高架）
- 市区町村道（トンネル）
- 本文関連箇所
- 役場
- 主な島の最高地点
主な山（縮尺1/20万以下）
- 317 道路番号
- 主な灯台
- 主な港湾
- 主な漁港
- 空港
- 駅舎
- 上浦町瀬戸 主な町字名
- 出走 主な通称地名

本書について

島の基本データ（諸元）

広域図：赤色の部分が詳細図の範囲に相当

島のテーマ（12分類）

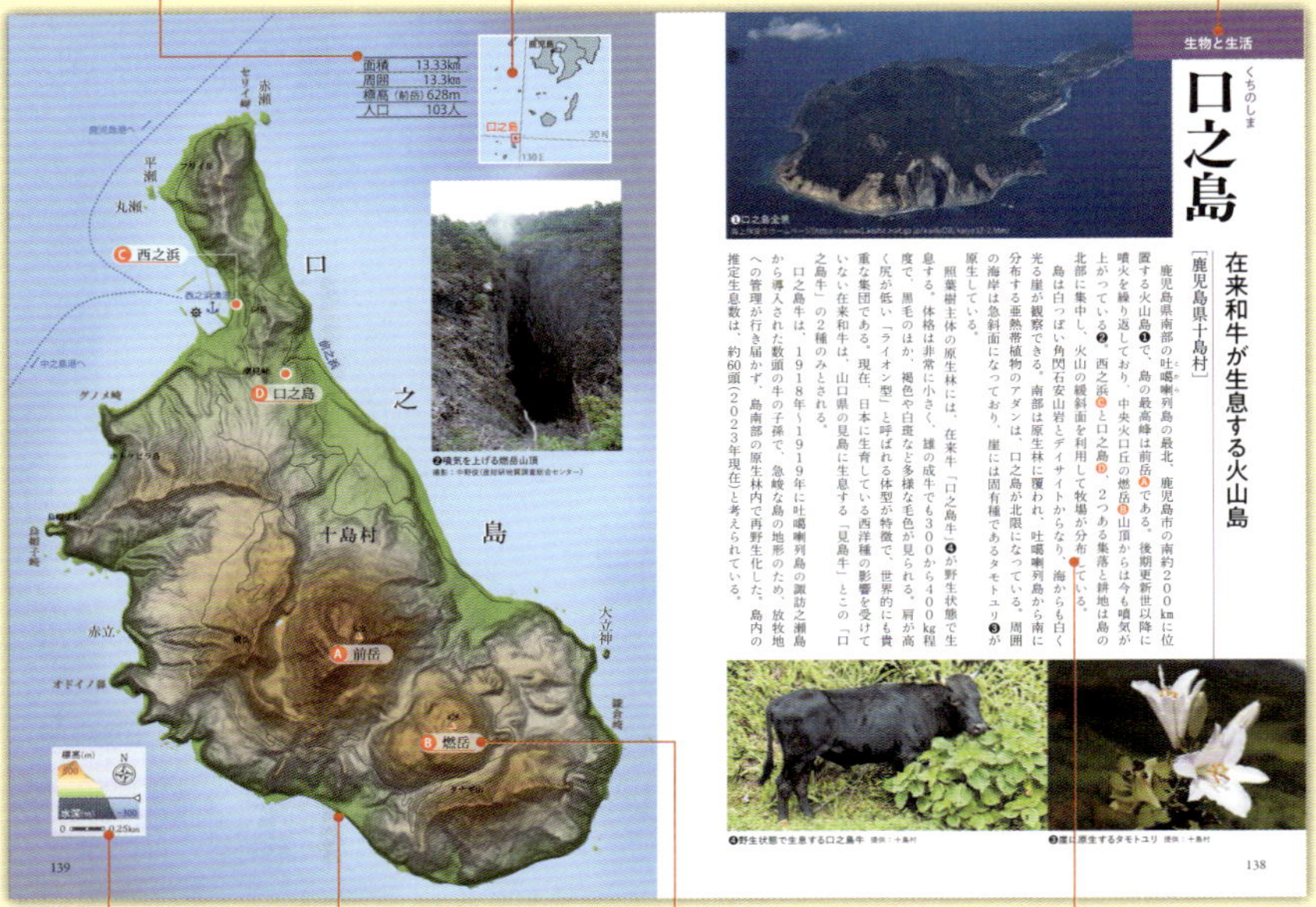

標高の凡例・方位・スケール

詳細地形図（凸凹地図）

注目スポット：島の見どころ等

本文：島の成り立ちや風土の概説

【注意事項】

- 本書で取り上げた「離島」は主に『SHIMADAS』（日本離島センター刊）に掲載されている島から選択しています（※島の定義については「コラム１」を参照ください）。
- 島のデータ（諸元）は『SHIMADAS』、『島々の日本』、国土地理院の地形図に則っていますが、気象庁や海上保安庁、自治体等のWebサイトから引用した場合もあります。
- ６つのカテゴリーは、さらに以下の12テーマに分類しました。

６つのカテゴリー（章）	含まれるテーマ（12）			
旧跡と遺産 ～島が語る歴史～	宗教遺産	産業遺産	伝統的町並み	軍事遺構
地質と地形 ～島の成り立ち～	地質と地形			
生態と文化 ～島が育む生命～	生物と自然		生物と生活	
食文化 ～島を味わう～	食文化			
暮らしと風土 ～島を歩く～	みちを歩く		風土を歩く	
異境との交流 ～世界と繋がる島～	異境との交流		領土の島々	

- 掲載した写真の取得年時が古い場合、現況と異なっている場合があり得ます。
- 地図は極力新しいデータを利用するようにしていますが、現況と異なっている場合があり得ます。
- 一般者の立ち入りが禁止されている島やエリアがあるため、訪問の際は必ず現地の指示に従ってください。
- 不適切な使用により事故が生じた場合、一切の責任を負いかねますのでご了承ください。

第1章

旧跡と遺産

島が語る歴史

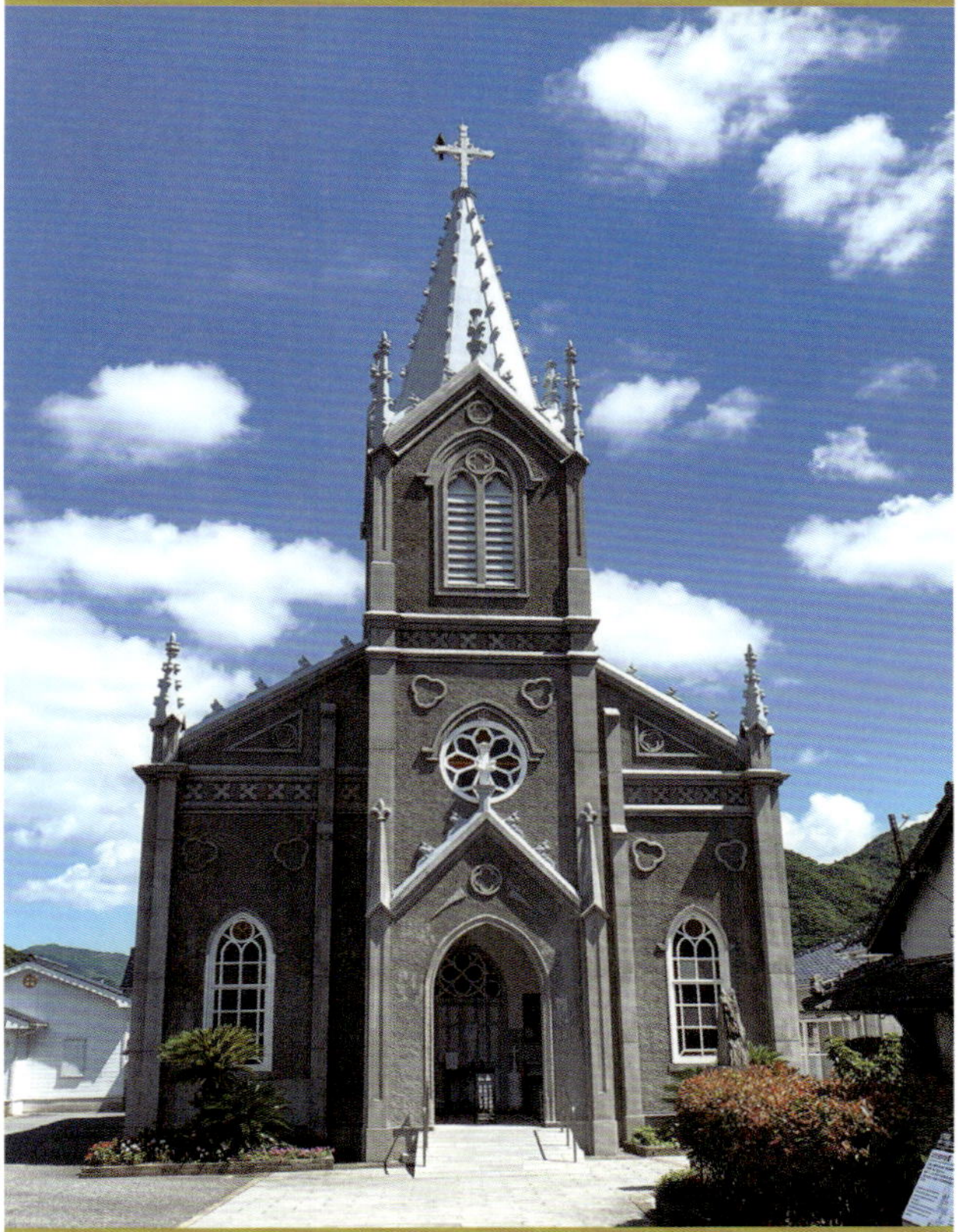

［天草下島］﨑津教会
©熊本県観光連盟

［大崎下島］御手洗町並み
©呉市観光振興課

❷不消霊火堂　©Shintani

❶厳島神社大鳥居　©Shintani

厳島《いつくしま》

［広島県廿日市市］

神々の息遣いを感じる世界遺産の島

厳島（宮島）は広島県西部に位置する、周囲29kmほどの島である。島全体が史跡名勝に指定され、平清盛ゆかりの厳島神社Ⓐは、境内に残る国宝の建造物の数々が世界遺産にも指定されている。海に浮かぶ大鳥居❶の姿は島のシンボル的存在としてあまりにも有名である。

島の最高峰、弥山《みせん》（535m）Ⓑは弘法大師ゆかりの地としても知られ、不消霊火堂《きえずのれいかどう》内Ⓒ❷には弘法大師が修行していた当時から、今日まで途絶えることなく燃え続ける霊火がある。この火は広島市平和記念公園の平和の灯火の元火としても使われた。頂上からは瀬戸内海に浮かぶ島々の美しい景色が望め❸、相対性理論を唱えた物理学者アインシュタインも、来日した際に弥山に登ったという記録が残っている。

島南西部の沿岸部には人の手が加わっていない自然海岸が残り、弥山からのミネラル分豊富な湧出水と海水が入り混じり潮汐湿地が形成されているⒹ。この湿地帯には絶滅危惧種のミヤジマトンボをはじめ稀少な動植物が見られ、ラムサール条約湿地にも登録されていることから、島内ではこの貴重な環境の保護に注力している。

また、湿地から沖合へ流れ出す養分は、海産物の養殖に適した漁場をもたらした。島内では特に牡蠣の養殖が盛んで、宮島産の牡蠣は島の名産品の1つでもある❹。

❸弥山から望む瀬戸内海

❹名物の焼き牡蠣

面積	30.33㎢
周囲	28.9km
標高（弥山）	535m
人口	1,453人

❸大山祇神社拝殿

大三島《おおみしま》

海道の中央に座する神の島

［愛媛県今治市］

瀬戸内海の多島美を望むサイクリングロードとして今や多くの人に愛される「しまなみ海道」Ⓐ❶❷、その足下を支える芸予諸島の最大の島が大三島である。西に目を移すと、広島県の呉方面まで島影が連なり、東西南北に延びる海道の結節点にあることがわかる。

瀬戸内海の島々では近世以降、海運や出稼ぎ稼業が盛んに行われ、大三島の島民も明治～大正期には遠くフィリピンにまで進出した。明治期に除虫菊や葉タバコなどの商品作物が導入されると島の経済は潤い、戦後はその衰退とともに柑橘類の産地として生まれ変わることとなった。

しかしこの島がよく知られるのは、全国に９００社以上を数える大山祇《おおやまづみ》神社Ⓑの総本社による。天照大神《あまてらすおおかみ》の兄神にあたる大山積神を祀るこの神社❸は六世紀に島に勧請されたと伝えられ、島の中心に座する鷲ヶ頭山《わしがとうさん》Ⓒと安神山《あんじんさん》Ⓓを御神体に奉っている。

当社は古来から山・海・武門の神として、多くの貴人、武将、軍人などの信仰を集めてきた。その奉納品の数はおびただしく、国宝・重要文化財の点数は７００点を超え、武具甲冑類に限れば日本全国の重要文化財の８割を占めるほどである。

このように聖地として名高い大三島だが、ダルマガエルやチャボイ（カヤツリグサ科）といった中四国地方では稀少な動植物の生息域でもある。散策コースも整備されており、参詣後は島々を眺めながらのハイキングも悪くない。

❷多々羅大橋（しまなみ海道）

❶大三島橋（しまなみ海道）

面積	64.53㎢
周囲	88.8km
標高（鷲ヶ頭山）	436m
人口	4,963人

❶海上から望む中津宮（宗像大島）

宗像大島《むなかたおおしま》・沖ノ島《おきのしま》

玄界灘に浮かぶ謎多き神宿る島々

［福岡県宗像市］

宗像大島・沖ノ島の周辺は古代より船が多く行き来し、航海交流の要衝であった一方で、水深が浅く海上交通の難所としても知られている。宗像大島にある宗像大社中津宮と、宗像大社沖津宮遥拝所ならびに沖ノ島（宗像大社沖津宮）は、「神宿る島」宗像・沖ノ島と関連遺産群として、世界遺産に登録されている。

宗像大島は福岡県内で最も面積の大きな島である❶。古くより航海の重要地点であり『万葉集』『古今和歌集』などにも「胸肩」や「宗形」といった表記で登場する。島内に鎮座する宗像大社中津宮Ⓐ❷の境内には天の川という川があり、七夕伝説発祥の地とも言われ、毎年8月に七夕祭が行われる❸。

島内最高峰の御嶽山《みたけさん》展望台（224m）Ⓑからは宗像大社のご神体である沖ノ島をはじめ、地島《ぢのしま》や相島《あいのしま》まで見渡すことができる。

九州本土から沖合約60kmに浮かぶ沖ノ島は、宗像大社のご神体として今日まで厳格に守られてきた。宗像大島同様、古代より航海の重要地点で、4世紀頃から航海の安全を願う祭祀が行われていた。島内には古代祭祀の遺跡や奉献品などがほぼ手つかずのまま残されており、多くが国宝に指定されている。また、島全体が宗像大社の社有地であり、無断の立ち入りどころか、枝1本持ち出すことも禁じられている。そのため、宗像大島には沖津宮を拝むための遥拝所があるⒸ。島内の沖津宮の社殿Ⓓ❹では現在も常駐する神職が祭祀を執り行っており、今なお謎に包まれた、まさに神宿る島と言える。

❹沖津宮社殿

❷中津宮社殿

❸七夕祭り
©「神宿る島」宗像・沖ノ島と関連遺産群保存活用協議会

【沖ノ島】

面積	0.69k㎡
周囲	―
標高（一ノ岳）	244m
人口	0人

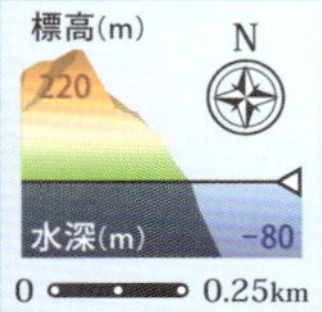

【大島】

面積	7.22k㎡
周囲	16.5km
標高（御嶽）	224m
人口	540人

玄界灘

ひさかじま・なるしま・わかまつじま・なかどおりじま・かしらがしま

久賀島・奈留島・若松島・中通島・頭ヶ島

世界文化遺産となった殉教の島々

［長崎県五島市・新上五島町］

❽潜伏キリシタンが身を潜めた洞窟 ©KAMIGOTO

五島列島は、北東から南西に連なる5つの主な島と周辺の多くの小島からなり、いずれも深く入り組んだリアス海岸を有する。南西側の久賀島、奈留島が福江島とともに「下五島」、北東側の若松島、中通島が「上五島」と呼ばれる。

五島列島には縄文・弥生時代の遺跡が多く出土し、古事記や日本書紀にも島名が見られるなど古代から存在が知られていた。16世紀後半に宣教師が五島にも布教を行ったことで、当時の領主がキリシタン大名となるなど、全域にキリスト教が広まった。その後のキリスト教禁教令による迫害で衰退するが、長崎半島西部の外海地域などから移住した潜伏キリシタンによる信仰は継続し、明治時代（1873年）になってキリスト教の信仰が認められると島内各地にも教会が建てられた。

久賀島には北側から中央にかけて大きく切れ込んだ久賀湾❶があり、馬蹄形の地形を形成している。その最奥に位置する久賀地区が島の中心で、山間の低地や海岸付近に集落が点在する。これらは「久賀島の集落」として世界文化遺産に登録されている。716年に遣唐使船が田ノ

❶久賀湾

❸旧五輪教会堂　©長崎県観光連盟※

❷牢屋の窄殉教記念教会　©長崎県観光連盟※

浦Ⓐに寄港し、804年には空海が乗った遣唐使船も寄港している。

　1865年3月になり、潜伏していたキリシタンたちが長崎の大浦天主堂へ出向き信仰を表明したが（信徒発見）、後の明治政府はより弾圧を強め、潜伏キリシタンたちが苛烈な迫害を受けた。これを「五島崩れ」という。牢屋の窄《さこ》殉教記念教会Ⓑ❷は拷問が行われた場所で、現在は禁教期の記憶を伝える教会堂が建てられている。旧五輪教会堂Ⓒ❸は、教会建築の歴史的な様子を知る上で貴重であり、国の重要文化財にも指定されている。

　五島列島のほぼ中央に位置する奈留島は、入り組んだ湾で囲まれた複雑な形をしていて、南端の舅ケ島《しゅうとがしま》には島を代表する景勝地、千畳敷❹が絶景をつくり出している。大串湾の入り口にある江上天主堂Ⓓ❺も潜伏キリシタンたちが建てた教会で、江上集落も世界文化遺産に指定されている。

　上五島を構成する若松島と中通島は若松瀬戸と呼ばれる海峡で相対し、若松大橋Ⓔ❻で繋がっている。両島とも細長い急峻な山々が連なり、湾奥の海岸沿いにわずかな平地が点在する❼。若松島の南部には、明治初期に禁教が解かれる直前にあった弾圧の際、潜伏キリシタンが身を潜めた洞窟Ⓕ❽がある。

　五島列島で2番目に大きい中通島には小さな集落ごとに教会が建てられており、5つの島の中で教会の数が最も多い。奈摩湾の西には教会建築の第一人者である鉄川与助が初めて設計・施工した冷水教会Ⓖがあり、対岸の東には同じく鉄川が設計した青砂ヶ浦天主堂Ⓗ❾がある。

　上五島空港を擁する頭ヶ島の集落も世界文化遺産に登録されており、地元の砂岩の切り石を使った石造りの頭ヶ島天主堂Ⓘ❿が残る。

❿石造りの「頭ケ島天主堂」　©長崎県観光連盟※

❹奈留千畳敷

※写真掲載に当たっては長崎大司教区の許可をいただいています

久賀島《ひさかじま》・奈留島《なるしま》・若松島《わかまつじま》
中通島《なかどおりじま》・頭ヶ島《かしらがしま》

❼焼崎近辺の入江

❺江上天主堂　©長崎県観光連盟※

【中通島】

面積	168.31㎢
周囲	278.8km
標高	(番岳) 442m
人口	16,113人

【頭ヶ島】

面積	1.86㎢
周囲	8.2km
標高	111m
人口	13人

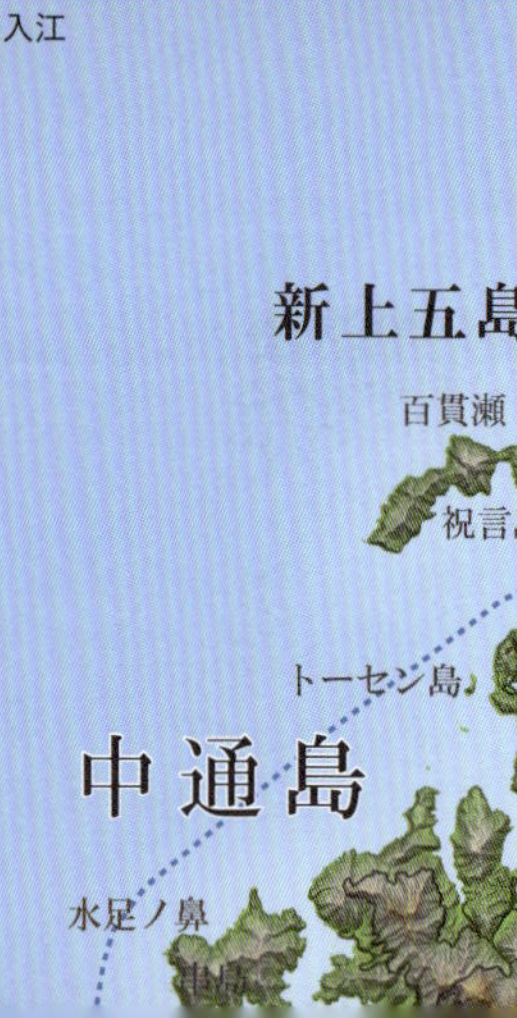

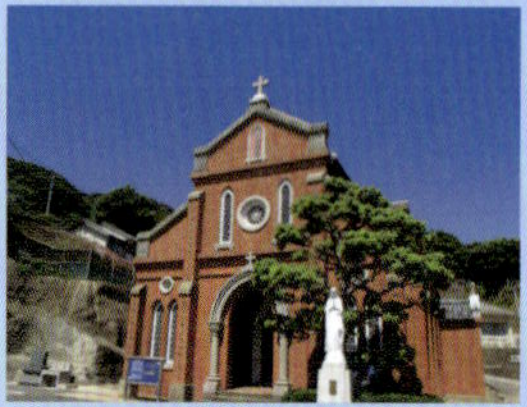

❾青砂ヶ浦天主堂　©長崎県観光連盟※

❻若松島と中通島を繋ぐ若松大橋

【久賀島】

面積	37.23km²
周囲	62.8km
標高（番屋岳）	340m
人口	257人

【奈留島】

面積	23.68km²
周囲	75.4km
標高（鶺越）	276m
人口	1,927人

【若松島】

面積	31.13km²
周囲	123.7km
標高	339m
人口	1,218人

※写真掲載に当たっては長崎大司教区の許可をいただいています

黒島《くろしま》

潜伏キリシタンの信仰を守った祈りの島

［長崎県佐世保市］

❶アコウの巨木（根谷地区）

❸黒島天主堂 ©SASEBO
（写真掲載に当たっては大司教区の許可をいただいています）

❺黒嶋神社と原生林

佐世保湾から平戸に跨る西海国立公園において208もの島を有する群島、九十九島。この中で最大の面積を誇るのが黒島である。最大といっても周囲わずか12・5㎞に過ぎない小さな島で、その名の由来には諸説ある。アコウⒶ❶をはじめとする樹木が生い茂って海上から黒く見えるという説、島に産出する岩石（御影石・玄武岩等）Ⓑ❷の色が黒っぽいためという説、さらにポルトガル語で十字架を意味する「クルス」が訛って「クロ」島と呼ばれるようになったという説もある。

島民数は400人弱だがその約8割がカトリック信者で、それには島の歴史が大いに関係している。キリスト教伝来以降、黒島にも広くキリスト教が浸透した。その後の徳川幕府による弾圧で、平戸をはじめとした九州本土から多くの信者がこの地へ逃れた。いわゆる潜伏キリシタンで、島内には「信仰の遺構」が数多く残る。

島の象徴たる黒島天主堂Ⓒ❸は、禁教が解禁された1897年にフランス人のマルマン神父が設計し、1902年に完成をみたロマネスク様式の教会である。2018年に「長崎と天草地方の潜伏キリシタン関連遺産」が世界文化遺産に登録され、その中に「黒島の集落」も含まれているが、その代表的建築がこの天主堂である。

起伏の少ない島内だが、美しい眺望を楽しめるスポットもある。島随一の展望所「蕨《わらべ》展望所」Ⓓ❹は、晴れた日には長崎鼻、カキ瀬鼻という2つの断崖絶壁が両側に見渡せ、島民が植えた季節ごとの花々も楽しめる。また、黒島港の近くにある黒嶋神社Ⓔ❺には唯一の原生林が残り、縄文の面影を伝える。

相浦港から高島を経由してフェリーで50分。島内にはタクシーもレンタカーもないため、島巡りにはレンタサイクルの利用がおすすめだ。

❷串ノ浜（串ヶ浜）の玄武岩岩脈

❹蕨展望所 ©長崎県観光連盟

面積	4.66km²
周囲	12.5km
標高	134m
人口	384人

天草下島《あまくさしもしま》

キリシタンの信仰文化が色濃く残る

［熊本県天草市・苓北町］

❸妙見浦　提供：天草宝島観光協会.

熊本県の南西に浮かぶ天草諸島で最も大きな島が下島である。隣接する天草上島との間に本渡《ほんど》の瀬戸という狭い海峡があり、ここを跨ぐ約700mの天草瀬戸大橋で繋がる。そのすぐ南には通称「赤橋」と呼ばれる珍しい昇降式の歩道橋Ⓐ❶もあり、上島と下島間を徒歩で往き来できる。島北部の沖合には野生のミナミハンドウイルカが生息し、1年中イルカウォッチングを楽しめるⒷ❷。

下島の西側は断崖絶壁が多く、20～80mの断崖が連なるリアス海岸の妙見浦《みょうけんうら》Ⓒ❸は国の名勝・天然記念物に指定されている。この近辺では、流紋岩質の貫入岩が熱水変成作用を受けて白色粘土に変質したリソイダイト(別名：木目石)が産出する。これが天草陶石❹と呼ばれる大変良質な陶磁器原料となり、国内で生産される約8割を占めている。また近くには、国民保養温泉地にも指定されている下田温泉があり、天草に訪れた5人の詩人にちなんで名付けられた「五足の湯」と呼ばれる足湯Ⓓ❺など、疲れを手軽に癒せるとして人気スポットになっている。

天草と聞くと、キリシタン大名やキリスト教禁教政策を思い浮かべる人も多いだろう。2018年に「長崎と天草地方の潜伏キリシタン関連遺産」として世界遺産に登録されたことも記憶に新しい。キリスト教は宣教師フランシスコ・ザビエルにより伝来した後、南蛮貿易で流入したヨーロッパ文化とともに急速に国内に広まった。特に九州では、貿易の利益を得る目的で改宗しキリス

❷イルカウォッチング

❶本渡瀬戸歩道橋(赤橋)

❼大江教会

❻﨑津諏訪神社
©熊本県観光連盟

❹天草陶石 ©ペカ, CC BY-SA 4.0
<https://creativecommons.org/licenses/by-sa/4.0>

ト教を手厚く保護するキリシタン大名も登場し、彼らの領地ではキリシタンの共同体が形成されていった。しかし、豊臣秀吉によるバテレン追放令や、江戸幕府の禁教政策で厳しく弾圧されたため、表向きは仏教徒などを装いながら信仰を続ける潜伏キリシタンと呼ばれる人々が生まれた。

﨑津集落Ⓔも潜伏キリシタンが多く存在した地域で、﨑津諏訪神社Ⓕ❻では2世紀にわたる禁教政策下でキリシタンたちは表向きは仏教徒や神社の氏子となり、参拝の際にひそかにキリスト教の祈りの言葉を唱えていたと言われる。これゆえ、神道と仏教、キリスト教の3宗教が共存した文化的に珍しい歴史を持つ場所となった。

明治時代に入りキリスト教が解禁された後、長崎から派遣されたフランス人宣教師ガルニエ神父により１９３３年に大江教会Ⓖ❼が、翌年には同じくハルブ神父により﨑津教会Ⓗ❽が完成した。﨑津教会の建つ場所は、潜伏キリシタンを摘発するため人々に聖画像を踏ませる「絵踏」が行われた﨑津村庄屋宅があった。絵踏が行われた場所に祭壇が設置されたと言われており、弾圧からの解放、信仰復活のシンボルとなった。塔の上の白い十字架と、民家の立ち並ぶ漁村の風景は不思議と違和感なく溶け合っている❾。

❽﨑津教会 ©熊本県観光連盟

❾﨑津の漁村風景

天草下島《あまくさしもしま》

❺五足の湯　提供：天草宝島観光協会

G 大江教会
H 﨑津教会
F 﨑津諏訪神社
E 﨑津集落
羊角湾
早浦
亀浦
五通山
石神山
古江岳
柱岳
六郎次山
高取山
権現山
遠見岳
魚貫崎
赤島
前崎
久玉浦
桑島
カウソ鼻
須口浦
鶴崎（剣崎）
大島
牛深港
勝崎
戸島
下須島
牛島
法ヶ島
二子島
築ノ島
龍仙島（片島）
深海浦
オテガ崎
椎の木崎
早崎
赤島
小松崎
長島海峡
大崎
魚釣瀬
堂崎
長崎鼻
板場鼻
黒之瀬戸
宮野河内湾
竹の崎
産島
堂崎鼻
黒島
諸浦島
竹崎
長瀬鼻
小島
野島
竹島
琵琶の首
崩崎
長島
先の山鼻
鯖ノ口鼻
加世堂湾
焼崎鼻
立石鼻
前島
桂島
蕨島
出水市
阿久根市
矢筈岳
立の鼻
惣津島
獅子島
七郎山
立石鼻
串崎
前島
野島
タグイ崎
ノサバ崎
鉈崎
瓢箪島(大島)
小伊唐島
伊唐島
長島町
八代海
瓢箪島
黒島
串が崎
竹島
双子島
葛島
大平島
クンゼ島
標高(m)
450
水深(m)
-120
N
0
2km
面積 574.98㎢
周囲 301.2km
標高（天竺）538m
人口 65,937人

❷家々の外壁に書かれたマルハチ

❶和具港 手前にある台は物干台

鳥羽諸島《とばしょとう》

海の大通りに浮かぶ純漁村の島々

［三重県鳥羽市］

伊勢湾の入口、渥美半島の先端と志摩半島を結ぶ伊良湖水道は、国道42号線の海上区間として有名である。その「道」沿いにある三重県鳥羽市の4つの有人島は鳥羽諸島と呼ばれる。黒潮と伊勢湾の潮流の交点にあって好漁場を有し、いずれの島も漁業や海藻の養殖業を主とする純漁村である。冬場になると、島々のあちこちでワカメを干す光景が見られる。中でも塩ワカメを煮る釜から立ち込める芳醇な香りは、答志島《とうしじま》の和具港Ⓐ❶でしか味わえない早春の風物詩である。

東西に3つの集落を持つ答志島は、古くは西日本の漁村で多く見られた若者宿習俗が残ることで知られる。迷宮のような路地を歩くと㊇という記号が家々の壁面や乗り物などに墨書きされているが❷、これは八幡神社の祭礼で配られる墨を塗って豊漁や家内安全の印とするこの島独自の風習である。

答志島に次いで2番目に大きい菅島は、東岸に位置する菅島灯台Ⓑ❸で名高い。1673年、水難の多かったこの地に「御篝堂《おかがりどう》」が幕命で建設されて以来、200年にわたって火が保たれてきた。明治初期に英国の灯台技師ブラントンの手で洋式灯台に作り変えられたが、現役のレンガ造りの灯台としては日本で最も古い。控えめな佇まいとは裏腹に、国の重要文化財、日本の灯台50選に数えられる重要な建造物である。

同じく近世からの灯台を残している神島は三島由紀夫の小説『潮騒』で知られ、旧日本軍の「監的哨跡」Ⓒや島の集落を見下ろす高台に位置する「八代神社」Ⓓ❹は小説の舞台ともなっている。海岸にせり出したカルスト地形❺や海底から隆起したチャートの地層面など、地質学的な見どころも多い島である。

❹八代神社の石段から見下ろす神島集落

❸菅島灯台

❺神島のカルスト地形

【坂手島】

面積	0.51㎢
周囲	3.8㎞
標高（浅間山）	110m
人口	243人

【神島】

面積	0.76㎢
周囲	3.9㎞
標高（灯明山）	171m
人口	290人

【答志島】

面積	6.96㎢
周囲	26.3㎞
標高（宮谷峠）	167m
人口	1,657人

【菅島】

面積	4.41㎢
周囲	13.0㎞
標高（大山）	236m
人口	455人

❶北木島の岩肌 ©岡山県観光連盟

北木島《きたぎしま》

日本の近代建築を支えた石材の島

［岡山県笠岡市］

北木島は岡山県西端に連なる笠岡諸島に位置し、中生代の花崗岩からなる山がちの島である。この花崗岩を切り出した御影石「北木石」は、加工しやすく耐久性に優れた良質な石材として、日本銀行本店や日本橋など明治期の近代建築や神社の鳥居などに重用されてきた。

島では採石のみならず、加工・販売・輸送に至る石材産業が隆盛し、狭い低地に町も栄えた。昭和中期以降になると石材産業は衰退したが、今でも島には石材産業の痕跡を見ることができ、これらが日本遺産に認定された。

笠岡からの船が島に近づくと、山がえぐられ、むき出しになった岩肌が見えてくる❶。これが丁場《ちょうば》と呼ばれる北木石の切り出し場だⒶ。切り出した穴に水が溜まり、池をつくっていることも多い。島の北部にある今岡丁場跡Ⓑや、現役の鶴田丁場Ⓒ❷は石切で切り立った崖を間近に見ることができる貴重な場所である。丁場の近く、豊浦Ⓓから金風呂Ⓔには、石材加工場や積出港跡Ⓕ❸がある。島内で生産・加工・流通まで一貫して行われていたことも、北木石ビジネスの特徴であった。石材産業が落ち着いた現在でも、展示施設のストーンミュージアムⒼや、フォトスポットにもなっている街角の石刻アート❹が北木石の歴史と新たな魅力を伝えている。

❸千ノ浜（積出港跡） ©岡山県観光連盟

❷鶴田丁場 ©岡山県観光連盟

面積	7.48㎢
周囲	19.1km
標高（バックリ山）	226m
人口	580人

❹石刻アート「メビウスの輪」 ©岡山県観光連盟

❶九州最後の炭鉱の1つ、池島
写真提供：（一社）長崎県観光連盟

池島《いけしま》

日本屈指の炭坑技術を今に伝える

［長崎県長崎市］

長崎の炭鉱の島としては、世界文化遺産にも登録された端島《はしま》（軍艦島）・高島が有名だが、周辺の海底に広がる西彼杵《にしそのぎ》海底炭田を鉱床として炭坑業で発展した島が近隣にいくつか所在する。九州最後の炭鉱となった池島もその１つである❶。

池島は長崎市神浦港よりフェリーで20分ほど、外海《そとめ》の角力《すもう》灘の沖合に位置する。端島・高島が三菱系の鉱山だったのに対し、三菱が撤退したこの島を開発したのは、北隣の松島で創業した三井系列の松島炭鉱株式会社であった。同社は１９５２年に海底炭の開発を始めて以降、国内初の海水淡水化装置や石炭選別機、世界最速の坑内電車など技術の粋を集めて極限まで自動化を推し進め、池島を日本屈指の優良坑として発展させた。エネルギー革命の煽りを受けて周辺の炭鉱が次々と閉鉱する中、池島炭鉱は２００１年まで42年に渡り操業を続けた❷。

全盛期には島民約７０００人を誇った池島炭鉱には現在もトロッコⒶや鉱業所Ⓑ、住宅跡Ⓒなどの炭坑関連施設が残され、かつて炭鉱マンとして働いていたガイドによるツアーも行われている❸。石炭炭鉱跡としては日本で唯一、坑内見学が可能な観光地である❹。

現在、松島炭鉱株式会社は三井松島ホールディングスとして他部門へ軸足を移すとともに、炭鉱開発技術の輸出を進めている。池島でも２０１０年ごろまでは、海外研修生の技術指導も行われていた。池島炭鉱の採掘技術は今もなお健在である。

❹坑内見学　©NAGASAKI CITY

❷池島炭鉱　©NAGASAKI CITY

❸ガイドによる案内も
©NAGASAKI CITY

面積	1.06km²
周囲	2.3km
標高（四方山）	115m
人口	106人

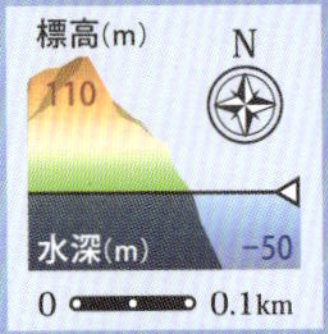

❹インガンダルマ

❶長幕

北大東島《きただいとうじま》

近代文明を支えた「鳥の糞の化石」

［沖縄県北大東村］

沖縄本島から360km東の絶海に連なる大東諸島。1885年に日本の領土に組み込まれ、伊豆諸島の八丈島民によって入植・開拓されたこの島々は、日本のどの地域とも異なる歴史と自然を有する。盆の形をした島の底には湿地帯が広がり、絶壁に囲まれた島がかつてサンゴ礁であったことを物語る。南側には長幕《ながはぐ》Ⓐ❶と呼ばれる1・5kmの断崖が続き、その植物群落❷は国の天然記念物である。

近代文明を支えてきた農業肥料・火薬材料のリン酸は、供給源をリン鉱石に依存している。その主原料の1つは、南洋の島々を渡る海鳥の糞の化石・グアノである。日本で唯一の大規模リン鉱床が北大東島と沖合のラサ島（沖大東島）に発見されたのは、20世紀初頭のことだった。島は製糖会社の完全な私有地となり、また戦後は米軍政の下に、1950年まで鉱山経営が行われた。

当時のリン鉱石の採掘から加工・運搬・積み出しに渡る産業遺構Ⓑ❸は国の史跡に指定され、今も北西部の港付近に残されている。城塞のような石造の加工施設をはじめ、職員や労働者が利用したであろう風呂場や娯楽施設等も往時の姿を留めている。

リン鉱の役目を終えた今日の北大東島の主産業は、同じく開拓時代から続く大規模糖業とジャガイモ生産などである。険しい海底地形により漁港をつくることができなかった大東諸島だが、2019年に掘り込み式の漁港Ⓒが開港し、大型の漁業も緒に就いた。

マグロやサワラなど特産品は数多いが、なかでもナワキリ（クロシビカマス）やインガンダルマ（バラムツ）❹は深海に囲まれた大東諸島ならではの珍しい食文化である。後者は食べ過ぎると身体に障るので販売・流通が禁止されている。知る人ぞ知る禁断のグルメである。

❸リン鉱山遺跡
©一般社団法人 北大東島振興機構

❷固有種のダイトウビロウ ©一般社団法人 北大東島振興機構

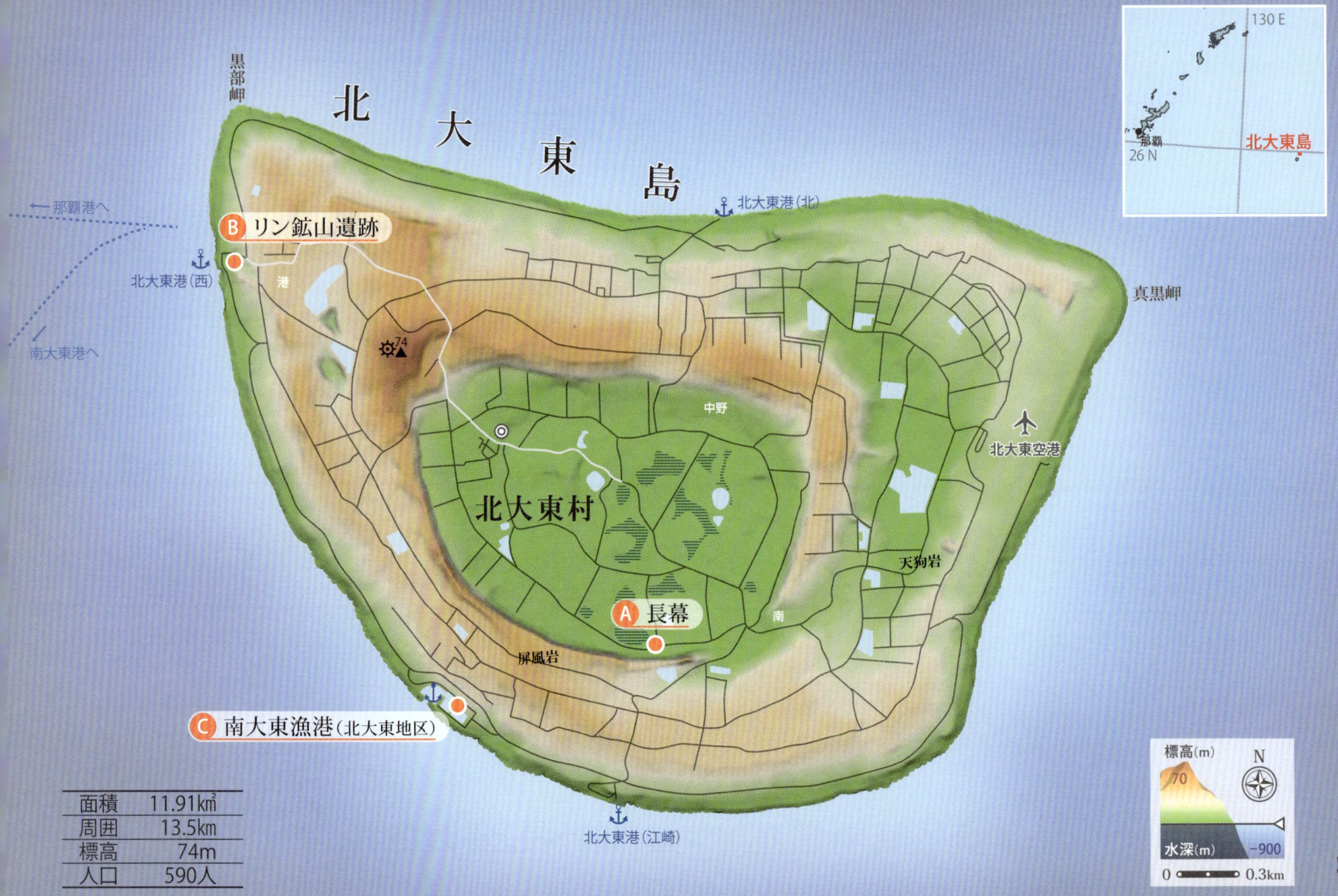

面積	11.91km²
周囲	13.5km
標高	74m
人口	590人

竹生島《ちくぶしま》

荘麗な桃山文化に触れる神秘とロマンの島

［滋賀県長浜市］

竹生島は琵琶湖の北側に浮かぶ周囲2kmほどの無人島で、長浜港・今津港よりそれぞれフェリーで30分ほどで着く。島全体が1枚の花崗岩からなり、湖岸は急斜面になっている❶。古来より近世まで神仏一体の聖地であり、神の棲む島とも言われ信仰の対象とされてきた。

島内にある都久夫須麻《つくぶすま》神社Ⓐは、国宝に指定された本殿が必見である。毎年6月頃には、湖面に突き出した竜神拝所❷から願い事を書いた皿を投げる「かわらけ投げ」という行事も行われる。

宝厳寺《ほうごんじ》Ⓑ❸は厳島神社、江島神社と並び、日本三大弁財天にも数えられる。唐門は大坂城の極楽門を移築したもので、現存する唯一の大坂城遺構であり、こちらも国宝に指定されている❹。

❸宝厳寺本堂

❷湖から望む竜神拝所

❹大坂城から移築された唐門

❶竹生島の全景

面積	0.14km²
周囲	2km
標高	197m
人口	0人

出羽島《てばじま》

京町家の建築様式を残す漁家の佇まい

〔徳島県牟岐町〕

❶路地景観

❷出羽島港

小さな町が点在する四国の南東岸には、狭い路地景観と京都発祥の建築様式「ミセ造り」の家並みが見られる❶。雨戸が上下に開いて庇《ひさし》と縁台となるこの様式を今日最もよく残しているのが牟岐《むぎ》の出羽島である。

2017年に重伝建保存地区に登録された出羽島の漁村集落Ⓐ❷は、カツオ漁で賑わった江戸から昭和期に形成された。高齢化の進む島だが、今もミセに荷物を置いたり、腰かけて談笑する島民の姿が見られ、明治時代に築かれた大波止の石積みⒷ❸とともに、貴重な漁村景観となっている。

世界の4ヶ所にのみ遺存する藻類のシラタマモⒸや稀少なセトウチサンショウウオなど、自然誌的にも特筆すべき島である。

❸大波止の石積み

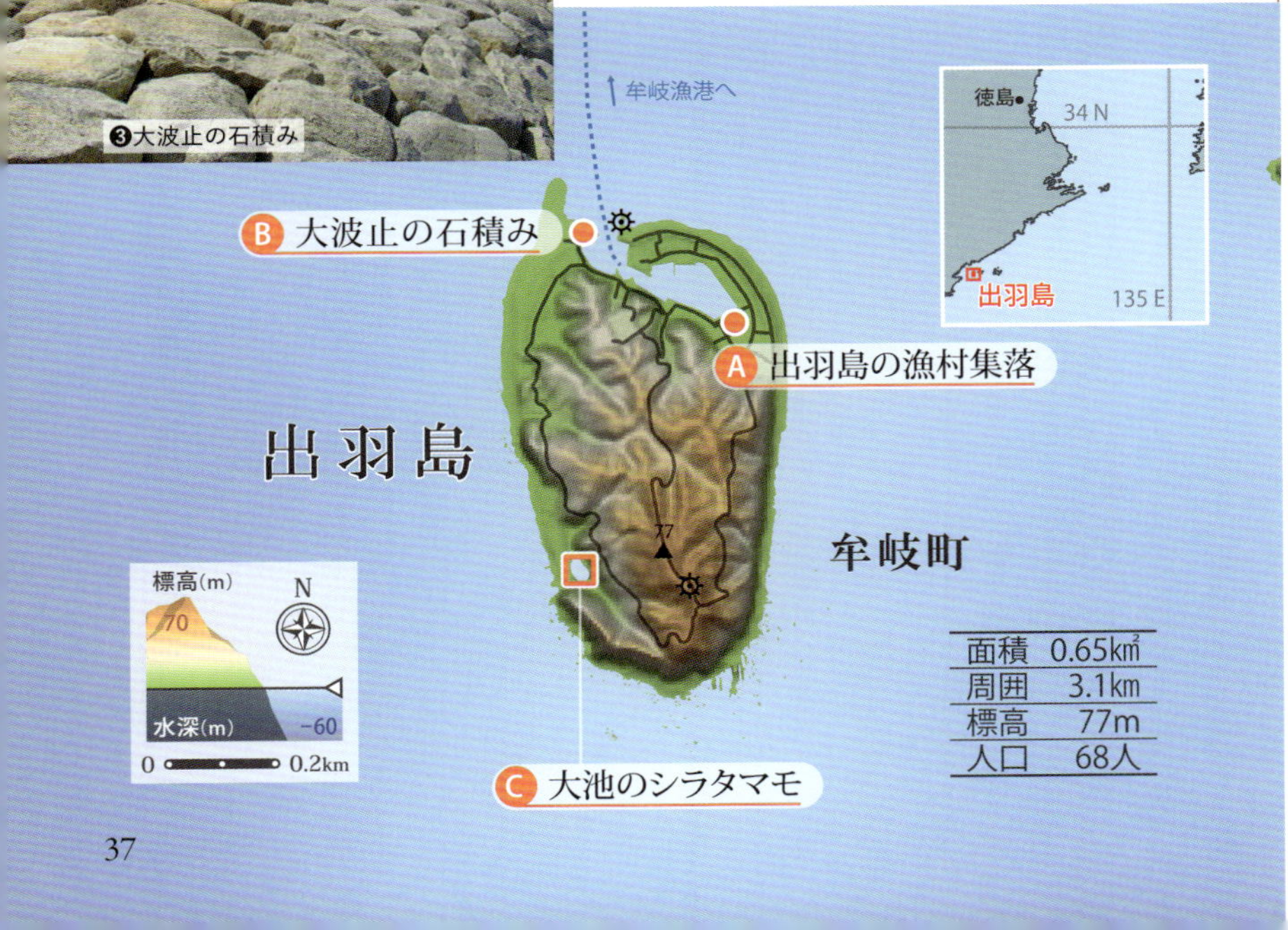

面積	0.65km²
周囲	3.1km
標高	77m
人口	68人

佐渡島《さどしま（さどがしま）》

世界最高水準を誇った金鉱山と往時の繁栄を記憶した町並み

〔新潟県佐渡市〕

❼佐渡の表玄関である両津港

佐渡島の特徴的な形に見覚えのない人は少ないだろう。佐渡の地形は、大佐渡・小佐渡と呼ばれる南北の山塊と、その間に砂時計のように土砂が堆積して形成された国中平野という、3つの列にくっきりと分けられる。200万年前に海上に出現した佐渡島は、現在も地震のたびに隆起を繰り返しており、沿岸域に高い段丘を作り上げている。

大佐渡・小佐渡の山塊は、過去数千万年の火山活動による分厚い火山岩層からなり、尖閣湾Ⓐ❶や大野亀Ⓑ❷、潜岩《くぐりいわ》Ⓒといった多くの景勝や、のちに鉱業の繁栄をもたらす海底の金銀鉱床もこの火山活動の産物であった。高度な技術によって1989年まで約400年もの間、世界最高水準の金を産出し続けた佐渡島の金山Ⓓ❸は2024年に世界文化遺産に指定され、「佐渡」の名を世界に知らしめた。

人口約5万を擁する日本最大面積の離島にあって、現在の国中平野には田園風景とロードサイド店舗が発達し、ここが島であることを忘れるほどだが、離島らしい側面も多分に持っている。過去数十万年のあいだ本土から隔絶された地勢は、サドモグラなどの固有種に代表される独自の生物相を育くんだ。また山稜には棚田が発達し、里山の鳥であったトキが生き残る環境を提供した。長年の保護活動もむなしく野生のトキは国内絶滅してしまったが、トキ保護センターⒺ❹における放鳥・繁殖事業の甲斐あって、現在は水田などで普通にその姿を見られるまでになっている。

中世には遠流の地として、順徳天皇や日蓮、世阿弥などの流刑者を受け入れ、海を越えて先進的な貴族文化を取り入れた。近世に相川Ⓕが鉱山都市として発達すると、さらに武士や商人など様々な文化の担い手が去来する。「鶯や十戸の村の能舞台」と詠まれたほど農村に浸透した能楽❺や、獅子舞の発展形と言われる鬼太鼓《オンデコ》は、貴

❸世界文化遺産に指定された佐渡金山

❷外海府海岸のシンボル大野亀

族・武士・町人の文化が入り混じった佐渡の多様性を反映している。

文化の結節点としての一面を象徴するものに、最南端に位置する宿根木《しゅくねぎ》・小木の町家群があるⒼ。かつての小木は相川で採掘された金銀の積出港として、また北前船❻の港として多くの船が行き交い、独自の町人文化を花開かせた。細長い地割を有する小木の町家は、２階部分が表に張り出した様式が特徴的である。

一方で、宿根木は称光寺川の谷間に沿ったわずか１ヘクタールの土地に１００棟以上の建物が蝟集する迷路のような町である。近世を通じて増改築を重ねた家々は、素朴な外観とは裏腹に漆塗りの荘厳な調度品で内側を飾っている。１９９１年、宿根木は重要伝統的建造物群保存地区に指定され、小木も２０２４年に選定された。海運の主役が蒸気船に移り変わるとともに小木・宿根木の町は衰退を辿り、新潟港が開港した１８６８年に補助港となった両津Ⓗ❼に表玄関の地位を譲ったが、その景観は今なお往時の繁栄を記憶している❽。

❹トキ保護センター

❺能楽堂

佐渡島《さどしま》

❶尖閣湾揚島遊園

❽宿根木の町並み

❻千石船の復元模型
(佐渡国小木民俗博物館)

面積	855.61km²
周囲	280.9km
標高(金北山)	1,172m
人口	51,492人

❷御手洗集落 ©呉市観光振興課

大崎下島《おおさきしもじま》

柑橘類の栽培が盛んな黄金の島

［広島県呉市］

大崎下島は瀬戸内海の中心に浮かぶ島である。安芸灘とびしま海道の豊浜大橋Ⓐ❶を通り陸路で渡れるほか、竹原港・今治港からフェリーでもアクセスできる。

江戸時代から昭和初期にかけて瀬戸内海航路の中心地として栄え、当時の面影を感じられる町並みが広がる。特に島東部の御手洗《みたらい》集落Ⓑ❷は潮待ち、風待ちの良港として繁栄し、１９９４年には「御手洗町並み保存地区」として重要伝統的建造物群保存地区に選定された。集落内の江戸みなとまち展示館❸では、御手洗集落の成り立ちや、舟運が盛んだった時期の資料などが展示されている。また、重伝建の選定に合わせ、高台に歴史の見える丘公園Ⓒ❹も建てられた。その名の通り歴史ある御手洗の町並みを見下ろせるほか、来島海峡、四国の山々も一望できる人気のビュースポットだ。

なお、２０１２年に公開されたアニメ映画『ももへの手紙』は本島をモデルとして描かれていて、御手洗・大長地区が主な舞台となっている。

急斜面が多い島内では、この傾斜を活かしたミカンやレモンなどの柑橘類の栽培が盛んに行われている❺。段々畑で太陽の光を存分に浴びた島の柑橘類は糖度が高く、大長ミカン・大長レモンとして知られている。「みかんメッセージ館」Ⓓでは、島で栽培されている主な8種類の柑橘の実物大レプリカや、ミカン栽培が最も盛んで「黄金の島」とも呼ばれていた昭和40年頃の段々畑の風景などが再現されており、柑橘栽培への弛みない情熱を感じることができる。また、収穫の時期には農協の直売所「みかんあいらんど」が開設され、島内外から多くの人が訪れる。

❺柑橘類 ©呉市観光振興課

❹歴史の見える丘公園 ©呉市観光振興課

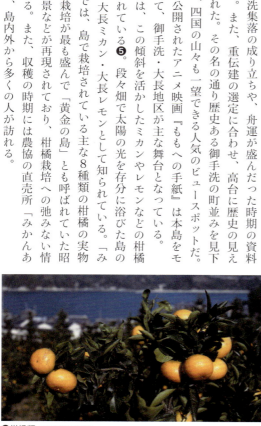

❶豊浜大橋

❸江戸みなとまち展示館

面積	17.37㎢
周囲	26.0km
標高（一峰寺山）	449m
人口	1,748人

❶塩飽本島

塩飽本島《しわくほんじま》

塩飽水軍の遺構と現代アートの調和

［香川県丸亀市］

塩飽本島は備讃瀬戸に点在する塩飽諸島の中心となる、周囲17kmほどの島である❶。瀬戸内海の激しい潮流に囲まれたこの島々は、一説には「潮が湧く」の当て字で「塩飽」と名付けられたとも言われ、高度な操船技術を持つ集団「塩飽水軍」の本拠地であった。豊臣秀吉の治世では自治権を安堵され、明治初期まで人名《にんみょう》制度が認められており、人名の自治が行われたという歴史も持つ。

近世では廻船《かいせん》を請け負うことで島の経済発展にも貢献。大阪の有力な廻船問屋の参入によって仕事を失うも、一部の人々は、造船の技術を生かし宮大工として活躍した。

❸笠島地区　提供：（公社）香川県観光協会

島内には年寄衆が政務を執り行った塩飽番所跡Ⓐ❷や、織田信長、豊臣秀吉、徳川家康の朱印状など、歴史的な建物・史料が多く残る。島の北東にある笠島地区Ⓑには、塩飽大工の意匠が凝らされた江戸から昭和初期の伝統的な建物が現存し❸、香川県で唯一の重要伝統的建造物群保存地区にも指定されている。

一方、２０１０年から行われている瀬戸内国際芸術祭をきっかけに、あちこちで島の歴史や伝説を題材にした現代アートもつくられた。塩飽の優秀な船乗りが多く乗船した咸臨丸《かんりんまる》をモチーフにした作品❹や島の年中行事、名所、昔話を題材にした作品など、歴史や伝統と融合したアートの数々が新たな観光スポットとなっている❺。

フェリーが発着する本島港Ⓒではレンタサイクルの貸し出しを行っている。潮風を受けながら、水軍の遺跡と現代アート、時代を超えた不思議な組みあわせを体感してみるのもよい。

❹石井章「Vertrek『出航』」
Photo: Kimito Takahashi

❺村尾かずこ「漆喰・鏝絵かんばんプロジェクト」
Photo: Kimito Takahashi

❷塩飽番所跡

提供：(公社)香川県観光協会

面積	6.75㎢
周囲	17.4㎞
標高（小阪山）	204m
人口	292人

❶神浦地区

的山大島《あづちおおしま》

江戸時代にタイムスリップできる町並み

［長崎県平戸市］

的山大島を「あづちおおしま」と正しく読める人は、地元の住民以外ほとんどいないのではないだろうか。弓の稽古をする弓場で的として土を盛った小山を、的を土で編んだという意味で的山を編み土、転じて「あづち」と呼んだのが読み方の由来と言われている。

的山大島は古くから中国や朝鮮へ渡る船の寄港地として栄え、倭寇の中継地に利用されたこともあったという。また、一時期は捕鯨業でも栄えた。島の歴史を最も感じさせるのが神浦《こうのうら》地区Ⓐ❶で、国の重要伝統的建造物群保存地区に指定されている。火災にも戦災にも遭わなかったため、古くからの建物がそのまま残り、まるで江戸時代にタイムスリップしたかのような木造家屋が肩を寄せあって建ち並んでいる。

神浦地区の入口にあたる場所には長い石段があり、その上がった先に建っているのが天降神社Ⓑ❷で、創建は平安時代にまで遡る。この神社の境内から見る古い町並みと神浦港は絶景である。

島の東端には大賀断崖Ⓒ❸という眼下に大海原が迫る切り立った絶壁があり、北端には西海に向かって白い灯台が聳える長崎鼻Ⓓがある。さらには、釣りの名所として知られる馬ノ頭鼻Ⓔや不思議な形状をした曲がり鼻Ⓕ❹などユーモラスな名前の景勝地が多くある。

島内には16基の風力発電用の大型風車が設置され、離島としては日本最大級の発電量を誇る。島内最高地点の平ノ辻（216m）にある農村公園Ⓖの展望台は、風車群や棚田風景❺、町並みなどが一望できる絶景スポットである。

❸大賀断崖

❷天降神社　提供：平戸観光協会

❹曲がり鼻 提供：平戸観光協会

❺大島村の棚田

面積	15.16km²
周囲	38.0km
標高（平ノ辻）	216m
人口	933人

猿島《さるしま》

首都防衛の要を担った東京湾要塞の島

［神奈川県横須賀市］

❶猿島全景

❷砲台跡

❸弾薬庫跡

横須賀市に所在する猿島は、米軍基地にほど近い三笠桟橋よりフェリーで10分というアクセスの良さから、東京圏から気軽に足を運べる無人島として人気の島である❶。

東京湾に浮かぶこの島は、かねてより首都防衛の拠点としての役割を担っていた。欧米からの艦船が多く来航した江戸末期には、江戸湾防備を重視した幕府により砲台が築かれたⒶ❷。明治期には旧陸軍により洋式の砲台が建設され、東京湾要塞を構成する砲台群の1つに属し、第二次世界大戦時には対空射撃用の高角砲も設置された。

終戦とともに軍事拠点としての役割を終えたが、弾薬庫など重厚なレンガ造りの要塞Ⓑ❸は今もそのまま残っており、近代軍事の様態を後世に伝える軍事遺跡として国史跡に指定されている❹。

❹島内には遊歩道が整備されている

面積	0.05㎢
周囲	1.6km
標高	40m
人口	0人

友ヶ島《ともがしま》

要塞に転じた修験道の行場

［和歌山県和歌山市］

❷第5砲台跡

❶第3砲台跡

和歌山県と大阪府境のほど近くにある加太の町は、淡路島を経て四国に渡る起点となった重要な港町である。その間には万葉集に「妹が島」とも詠まれた友ヶ島（地の島、神島、沖ノ島、虎島）が横たわる。修験道の開祖・役小角《えんのおづぬ》が修行の起点にしたとされる友ヶ島（沖ノ島）は、加太の港から船で約20分の位置にある。

この島は、明治政府の築いた要塞群Ⓐによって知られるようになった。大阪湾入口の重要な海峡部にありながら、修行道場で人が住まなかった友ヶ島は砲台を設けるのに最適だった。幸いにしてほぼ使われることなく終わったレンガ造りの砲台跡❶❷は、ジブリ映画を彷彿とさせるスポットとして客足が絶えない。

他にも標準時子午線❸が通る友ヶ島灯台Ⓑ❹など見どころが多いが、修験道ゆかりの地が集まる島の東側Ⓒは立ち入り禁止となっている。

❸日本最南端
子午線塔

❹友ヶ島灯台

面積	1.47㎢
周囲	−
標高	120m
人口	0人

江田島《えたじま》

海軍の面影を色濃く残す

［広島県江田島市］

❹天狗岩から望む早瀬大橋

江田島・能美島《のうみしま》は広島湾の中央に浮かぶ江田島市に所在する島である。２つの島は飛渡瀬《ひとのせ》Ⓐで隔たる別々の島であったが、埋め立てにより地続きになり、現在は地名として残るのみである。

島内には、かつて士官候補生を養成する海軍兵学校が存在した。英国ダートマスの王立海軍兵学校、米国アナポリスの合衆国海軍兵学校と並び、世界三大兵学校にも数えられ、第二次世界大戦で散った山本五十六もここで学んだ。校舎は現在、海上自衛隊の幹部候補生学校❶と第1術科学校Ⓑ❷として使用されており、見学も受け付けている。

島北西部の三高山《みたかやま》には、明治期に建てられた国内最大級の砲台跡やレンガ造りの弾薬庫などが残されているⒸ❸。役目を終え自然と一体化しつつあるその姿は、廃墟マニアなどからも人気を集めている。

陀峯山《だぼうさん》中腹の天狗岩からは隣の倉橋島とを結ぶ早瀬大橋Ⓓ❹や、名物の牡蠣の養殖筏❺など島の魅力を一望できる。島を訪れた際にはぜひ足を運びたい絶景ビューポイントだ。

❸三高山堡塁跡

❶海上自衛隊幹部候補生学校（赤レンガ）

❺牡蠣筏

❷海上自衛隊第1術科学校（大講堂）

面積	91.52km²
周囲	―
標高（野登呂山（宇根山））	542m
人口	21,924人

❶大久野島全景

大久野島《おおくのしま》

地図から消された過去を持つウサギの楽園

［広島県竹原市］

大久野島は、忠海《ただのうみ》港からフェリーで15分ほどにある無人島（定住者なし）で、瀬戸内海国立公園に指定されている❶。島中にウサギが生息していることから「ウサギの島」として広く知られているが、過去に「地図から消された島」と呼ばれた苦い歴史がある。

1927年に日本陸軍がこの地に毒ガス製造工場をつくり、終戦まで兵器として毒ガスを製造し続けた。島民は島から退去させられ、しかも、機密上の理由で島そのものが地図から抹消されてしまった。地図に復活したのは戦後から2年を経過した1947年のことである。島には今も発電所跡Ⓐ❷、毒ガス貯蔵庫Ⓑ、砲台跡など当時の施設が各所に残っており、毒ガス資料館Ⓒ❸では製造資料を展示し、戦争の悲惨な歴史の風化を防いでいる。

現在900羽以上と言われているウサギの生息理由には、毒ガス実験用のウサギが野生化したという説や、小学校で飼育していたものが繁殖した説など様々あり、近年はエサやりなどマナー違反が問題になっている。ちなみに、このウサギは地中海原産のアナウサギという外来種である❹。

島は1時間半もあれば徒歩で一周でき、島の展望台Ⓓに上ればしまなみ海道が望める。また、フェリーが出航する忠海港には恋文集箱というかわいらしいポスト❺が設置され、ウサギの島での思い出を手紙に書いて投函することもできる。

❷発電所跡（米軍の弾薬庫としても使用された）
写真提供：一般社団法人 広島県観光連盟

❸毒ガス資料館

❹島に生息するウサギ

面積	0.70㎢
周囲	4.3㎞
標高	97m
人口	21人(居住者)

❺忠海港の恋文集箱(郵便ポスト)

似島《にのしま》

今も残る戦争に翻弄された傷跡

[広島県広島市]

❶安芸小富士

広島市に属する似島は、広島港の沖合3kmほどに位置する島で、島内には標高278mの安芸小富士がそびえているⒶ❶。この山は火山ではないが、その名の通り富士山にそっくりな形をしていて、島名の「似」はこれが由来とも言われている。山頂からは広島市街や厳島(宮島)を一望できる。

似島は戦争に翻弄され続けた歴史を持っている。明治時代の1895年に陸軍の検疫所が造られ、以降大戦が終わるまでの長きにわたって出征軍人の帰還場所となった。原爆の被害はほとんど受けなかったが、検疫所が臨時野戦病院として使われ、本土から多くの被爆者が搬送されてこの地で命を落とした。第一検疫所焼却炉煙突Ⓑ❷や弾薬庫跡など、島内には多くの戦争遺構が残され、当時の痛ましい痕跡を後世に伝えている。また、似島平和資料館Ⓒ❸には犠牲者の遺品や写真などが展示され、慰霊碑も建てられている。

戦後の復興期には砂利採取業が島内の主力産業であったが、現在は牡蠣養殖❹を主とした漁業が中心である。

島へは、2つの船舶会社が広島港との間に定期便を運航している。島内にはバスもタクシーもないので、移動には自転車がおすすめだ。島を一周できる約12kmのサイクリングロード❺があり、2時間ほどで瀬戸内海の絶景ポイントを堪能できる。

❸似島平和資料館

❷第一検疫所焼却炉煙突

❹牡蠣の養殖

❺サイクリングロード

面積	3.84km²
周囲	16.0km
標高（安芸小富士）	278m
人口	694人

❷大津島から見た黒髪島 提供：佐伯直樹

❶大津島遠景 提供：三木剛志

❸大坂城築城の残石 提供：周南市

大津島《おおづしま》

【山口県周南市】

海に散った若者が過ごした最期の島

大津島は山口県周南市に属し、北―南西方向に7㎞ほど緩く弧を描くように細く延びる島で、中央部の硬い変成岩が標高100〜150mの背骨のような高まりをつくっている❶。

東岸の瀬戸浜Ⓐ、大泊Ⓑ、刈尾Ⓒ、赤石Ⓓ周辺には、花崗岩からなる標高25m程度の平坦面が存在する。隣の黒髪島《くろかみじま》Ⓔ❷は「徳山御影」と呼ばれる花崗岩のブランド石材で有名だが、大津島東岸でもかつては同様のブルーグレーの御影石が切り出されていた。その歴史は江戸時代初期に遡り、大坂城築城の際にも毛利藩が提供したといわれ、瀬戸浜にはそのときの残石が置かれているⒻ❸。現在でも刈尾の南側には採石場跡Ⓖがあり、近江や瀬戸浜を歩けば御影石造りの小屋や石柱の建物遺構など独特の景観を目にする❹。

島の海岸線で最も細い部分は幅100mほどになっているが、第二次世界大戦末期にこの周辺一帯に軍の極秘施設がつくられた。それが本島を語る上で忘れてはならない海軍の特攻兵器、人間魚雷「回天」❺の訓練基地である。大津島にはもともと魚雷の発射試験場があり、そのまま回天の基地に転用されたもので、搭乗員に選ばれた若者は3ヶ月ほど猛訓練を重ね、戦場の海に散っていった。

1968年、平和学習施設として回天記念館Ⓗが開館し、屋内展示のほか屋外の回天の運搬用トンネルや整備工場、訓練基地跡❻などが当時の姿で残され、島を訪れる人たちに恒久の平和を訴え続けている。

❻回天訓練基地

❺人間魚雷「回天」

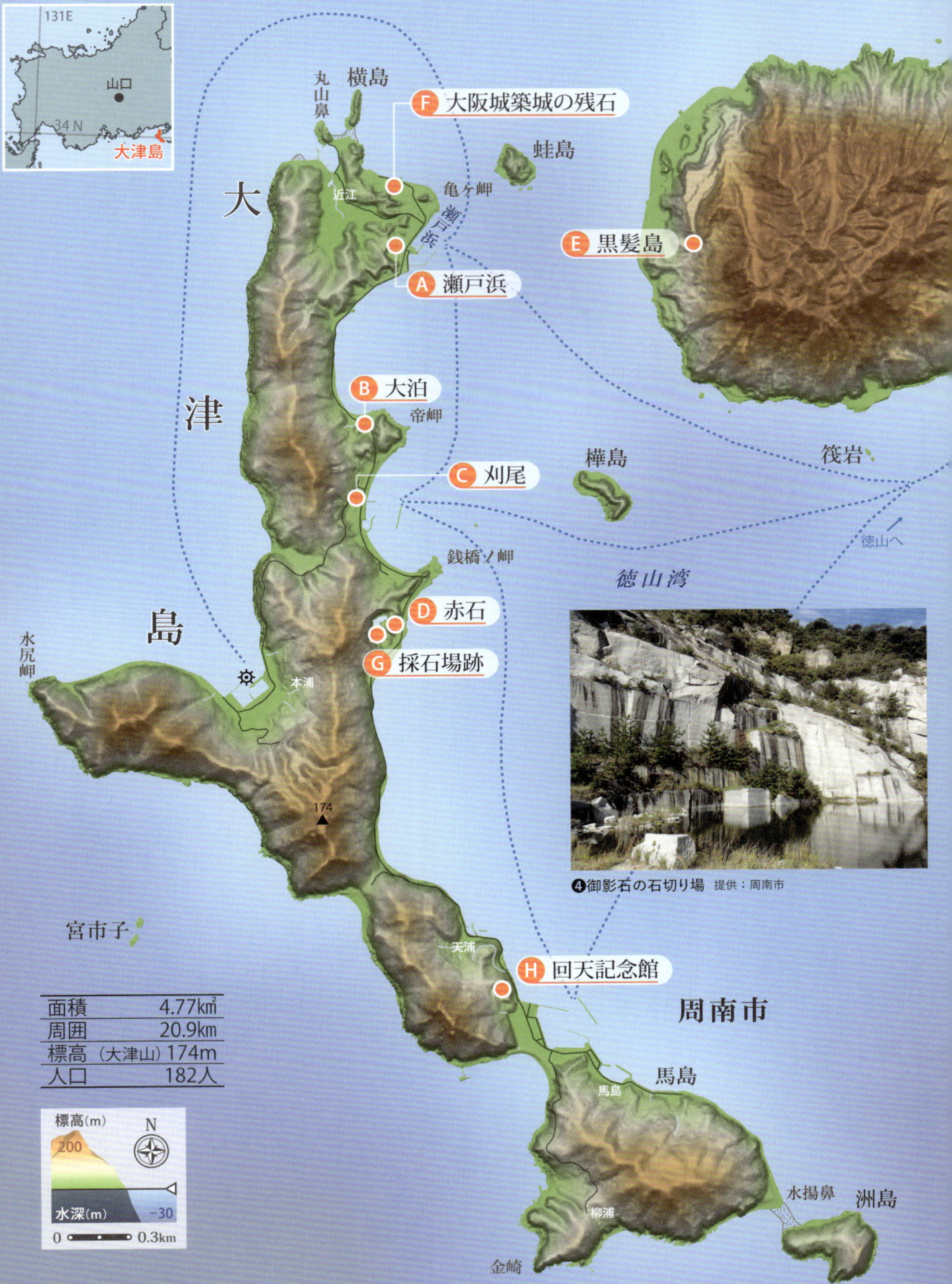

面積	4.77km²
周囲	20.9km
標高（大津山）	174m
人口	182人

❹御影石の石切り場　提供：周南市

蓋井島《ふたおいじま》

「山ノ神」宿る島に築かれた旧軍の戦跡

［山口県下関市］

❶響灘に浮かぶ蓋井島

地政学的に重要な海峡をチョークポイントと呼ぶが、関門海峡はまさにその1つである。多くの船舶が往来する関門海峡の咽喉を扼する響灘《ひびきなだ》の島々が、海防の要となるのは当然の成り行きであった。

本州最西端の毘沙ノ鼻から西に6㎞、響灘に浮かぶ蓋井島❶の北と南の尾根伝いにある砲台跡Ⓐは、下関要塞の一拠点として1930年代後期に建てられたもので、響灘の砲台群では数少ない訪問可能な遺構である。砲台自体は終戦間際に撤去され、山道も荒廃が進んでいるが、藪の中に当時の砲台跡や火薬庫、廠舎などがひっそりと残る❷。南側の乞月山《こいづきやま》の砲台跡は徒歩道から近く、比較的アクセスしやすい。

蓋井島の山々❸には、神功皇后の伝説が残る地点も多い。集落付近にある4ヶ所の「山ノ神」の森Ⓑは、6年に一度、山ノ神神事が総出で行われる原生林で、普段は禁足地である。山中には神の依り代である神籬《ひもろぎ》が積まれ、信仰の古態を伝える場所として国の重要有形民俗文化財にも選ばれている。また集落の西側、年に二度の祭りが催される金比羅山には蓋井島灯台Ⓒ❹が建っているが、ここは1951年、灯台守の便宜のため日本初の本格的な風力発電設備がつくられた場所であった。

島の周辺はアワビやウニ、ブリなどの好漁場で、島民は漁業やミカン栽培などを生業とする。2002年に島おこしの一環で開かれたエミューの放牧場Ⓓ❺もあり、エミューのオイルや卵などユニークな商品も島の目玉となっている。

❷砲台跡（左）や監視所（右）などの戦跡　提供：周防千明

❸蓋井島の山々　提供：佐伯直樹

❺エミュー放牧場　提供：佐伯直樹

面積	2.32㎢
周囲	10.4km
標高	252m
人口	84人

❹蓋井島灯台

来島《くるしま》

激しい渦潮に守られた村上海賊の拠点

［愛媛県今治市］

来島は、今治市と大島との間に位置する周囲1㎞に満たない小さな島である❶。

来島海峡の激しい渦潮に守られたこの島には、かつて瀬戸内海で強大な勢力を誇った村上海賊が築城した来島城Ⓐ❷があった。島内には無数の桟橋跡の柱穴、城壁や館の一部などが現存し、難攻不落の要塞として名高かった往時の様子を偲ばせる。村上海賊の祖先が祀られている村上神社Ⓑ❸もあり、島全体が歴史の宝庫である。

波止浜港から船でわずか5分、島内は1時間ほどで散策可能。なお、干潮時には北側の岩礁が露出し、島を一周することもできる。

❶漁港から町全体の風景

❸村上神社　提供：攻城団

❷来島城跡から望む来島海峡大橋
提供：攻城団

第2章

地質と地形

島の成り立ち

［三宅島］噴火後に形成された陥没カルデラ
撮影：中野俊（産総研地質調査総合センター）

［隠岐諸島］西ノ島天上界

利尻島《りしりとう》

最北の海に浮かぶ「富士」と高級昆布の代名詞
［北海道利尻富士町・利尻町］

❶利尻山は利尻富士とも呼ばれる

稚内から南西に約40㎞、「夢の浮島」とも呼ばれる利尻島は、東側の利尻富士町と西側の利尻町2つの町からなる。島名は「リイ・シリ」（高い・島）というアイヌ語を由来とし、シンボルでもある利尻山（1721m）はその姿から利尻富士と呼ばれ、深田久弥の日本百名山にも選ばれているⒶ❶。約20万年前から活動を開始し、数千年前まで噴火活動が継続したと考えられており、気象庁の区分では活火山とされているものの、現在は活動を停止している。そのため中心部は侵食が進み、火山活動の痕跡や内部構造を明瞭に観察できるが❷、崩壊して足場が悪い箇所もあるため、入山には注意を要する。

山腹から山麓周辺部には側火山と呼ばれる火山性地形も多数見られる。北側にある鴛泊《おしどまり》ポン山Ⓑやペシ岬Ⓒ❸は溶岩ドーム、南側にある仙法志ポン山Ⓓ❹や鬼脇ポン山Ⓔはスコリア丘（多孔質の噴出物が積もった小山）、オタドマリ沼Ⓕ❺はマール（爆発で形成された円形の火口跡）である。また、西側の沓形岬《くつがたみさき》Ⓖ❻は海岸までせり出した溶岩流の末端部分で、周辺はその平滑な地形を利用して公園として整備されており、幻想的な夕日を眺めることができる。

なお、高級昆布の代名詞でもある利尻昆布❼は、「リシリコンブ」という正式な品種名である。利尻島で多く取れたことが由来ではあるものの、礼文島や稚内地方も含む宗谷海峡に接する道北エリアで採取される昆布を指し、独特の風味を持つことで重宝されている。

❼水揚げされた利尻昆布

❺爆裂火口（マール）のオタドマリ沼

❷侵食された場所で地層の断面が確認できる
撮影：谷内元（産総研地質調査総合センター）

面積		182.12km²
周囲		64.0km
標高	(利尻山)	1,721m
人口		4,462人

❸溶岩ドームのペシ岬には灯台もある
撮影：石塚吉浩（産総研地質調査総合センター）

❻沓形岬は溶岩流の末端
撮影：石塚吉浩（産総研地質調査総合センター）

❹仙法志ポン山はスコリア丘
撮影：石塚吉浩（産総研地質調査総合センター）

❹気仙沼大島大橋（鶴亀大橋）

気仙沼大島《けせんぬまおおしま》

震災復興の象徴となった鶴亀大橋

［宮城県気仙沼市］

気仙沼大島は宮城県北東部の気仙沼湾内に位置する東北最大級の有人島である。島全体が陸中国立公園に指定されており、最南端にある龍舞崎《たつまいざき》Ⓐや鳴き砂で知られる十八鳴浜《くぐなりはま》Ⓑ、環境省の「快水浴場百選」で2位に選ばれた小田の浜Ⓒ❶など、大きく屈曲した海岸線が美しい景観をつくり出している。

また、島内最高地点の亀山（234m）Ⓓにある展望台からは、金華山や唐桑《からくわ》半島、リアス式の入江までを一望でき、気仙沼出身の詩人・水上不二は「みどりの真珠」と詠んだ❷。

寒暖両流の交わりと特徴的な海岸地形は、気仙沼の漁業に多大な恩恵をもたらし、島内集落のほとんどが漁業を生業とした。波の少ない気仙沼湾内の特性を活かした養殖漁業が多く行われていたが、2011年の東日本大震災では津波による甚大な被害を受けた。玄関口であった浦の浜漁港Ⓔ❸から反対側の田中浜まで20mの津波が横断し、島は南北で分断され一時的に孤立状態に陥ったが、これを救ったのが在日米軍海兵隊と自衛隊による海上輸送作戦であった。

その後、災害復興の機運が高まる中で2019年に本土と島とを結ぶ気仙沼大島大橋が開通。全長297mの大型アーチ橋は「鶴亀大橋」の愛称で親しまれ、気仙沼市における復興のシンボルとなったⒻ❹。橋は徒歩や自転車で渡ることも可能で、牡蠣やワカメの養殖の様子や風光明媚な気仙沼湾の風景を楽しめる。

❸漁港も津波の甚大な被害を受けた
画像提供：東北地方整備局震災伝承館

❷亀山からの眺め

面積	8.50km^2
周囲	24.3km
標高（亀山）	234m
人口	2,207人

❶小田の浜海水浴場

伊豆大島《いずおおしま》

島内各所に残る噴火の痕跡

［東京都大島町］

❷地層大切断面では火山堆積物の層序が見られる

❶ 1986年噴火で三原山から流下する溶岩流
撮影：中野俊（産総研地質調査総合センター）

❸1986年噴火で流出した溶岩流の露頭

伊豆諸島最北端の伊豆大島は、30〜40年ごとに噴火を繰り返す活火山である。１９８６年に発生した中規模噴火では、三原山（７５８ｍ）Ⓐの噴火❶からカルデラ内での割れ目噴火へと移行、溶岩流が島内最大の集落である元町方面Ⓑに流下し、フェリーによる全島避難が行われた。その後は静穏な状態を保っており、島内各所で火山活動の痕跡を観察できる。

南西側にある「地層大切断面」Ⓒ❷は道路建設工事時に現れたもので、過去の噴火で降り積もった火山堆積物が何重にも重なった美しい縞模様をなし、その形容からバームクーヘンとも呼ばれている。山頂のカルデラ内には散策ルートが設置され、流れ出た溶岩流❸や、割れ目噴火の火口列❹などを間近で観察できる。

島を構成する岩石は主に玄武岩質の火山岩であり、それゆえ海岸も含めて全体的に黒色である。カルデラ内の北東部に拡がる「裏砂漠」Ⓓ❺は、国土地理院の地形図で唯一「砂漠」と表記される場所でもあり、一面が黒いスコリア（暗色の火山噴出物）で覆い尽くされ、その荒涼とした景観から多くの映画やドラマの撮影で利用されている。歌曲と映画『波浮《はぶ》の港』で有名な波浮港Ⓔ❻は、かつての火口湖（マール）が１７０３年の元禄関東地震による大津波で海と繋がり、人工的に拡げて漁港として活用されるようになった。

歴史上では流刑地としても知られ、保元の乱（１１５６年）に敗れた源氏の鎮西八郎為《ため》朝《とも》もこの地に流された。島内には館の跡（赤門）や為朝神社Ⓕなどが残っている。

❻風光明媚な波浮港はかつての火口湖
提供：東京都大島町

❹割れ目噴火の火口列（1986年12月16日）
撮影：中野俊（産総研地質調査総合センター）

面積	90.76km²
周囲	52km
標高（三原山（三原新山））	758m
人口	7,102人

❺スコリアで覆い尽くされた裏砂漠

三宅島《みやけじま》

島全体が生きた火山の博物館

［東京都三宅村］

❶2000年の噴火で噴煙を上げる三宅島
撮影：中野俊（産総研地質調査総合センター）

伊豆諸島の中間に位置する三宅島は伊豆大島と同じく活火山で、約20年に一度の噴火を繰り返し、そのたびに姿を変えて現在に至る。

直近では2000年に大規模な噴火があった❶。この噴火で雄山山頂部Ⓐに半径800m、深さ500mにおよぶ巨大な陥没カルデラが形成され、標高は814mから775mとなった❷。マグマ水蒸気爆発による火砕流や降灰が発生、火山泥流により埋没した椎取《しいとり》神社Ⓑの鳥居が残っている❸。その後も大量の火山ガス噴出が続き、全島民が避難。4年5ヶ月におよぶ避難生活が続き、帰島した住民は6割程度に留まっている。山頂部は現在も立ち入り禁止となっている。

1983年の噴火では南西山腹に生じた割れ目から溶岩噴泉が発生、大量の溶岩流が三方向に流下し、阿古地区では数百軒の住家が埋め尽くされた。現在は遊歩道が整備され、溶岩流に飲み込まれた集落跡を見学できるⒸ❹。また、海底爆発によって一夜で形成された新鼻《にっぱな》新山Ⓓでは、積み重なった火山噴出物の層が間近で観察できる。

そのほか、1940年の噴火で形成された噴石丘ひょうたん山Ⓔ❺や、溶岩流が台地状になった赤場暁《あかばきょう》Ⓕ、1643年の噴火において大量の溶岩流が扇状地状に拡がった今崎海岸Ⓖなど、島内各所に残る噴火の生々しい痕跡は「ジオスポット」として整備され、島全体が天然の火山博物館のようになっている。

周囲は約40kmで、自転車なら半日ほどで一周可能、海岸では海釣りやダイビングなどマリンスポーツも楽しめる。近年ではザトウクジラの目撃情報が寄せられることも多いという。

❹旧阿古小中学校跡

❷噴火後に形成された陥没カルデラ
撮影：中野俊（産総研地質調査総合センター）

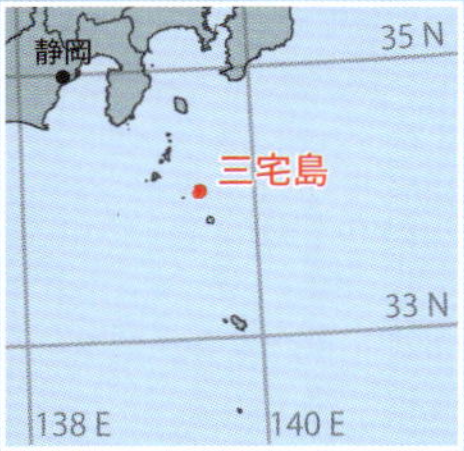

❸埋没した椎取神社　撮影：芝合丈司

三宅島

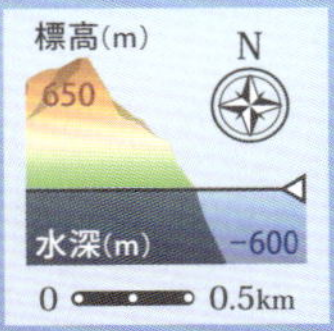

面積	55.20km²
周囲	38.4km
標高（雄山）	775m
人口	2,273人

❺噴石丘ひょうたん山（1940年の火砕丘）
撮影：中野俊（産総研地質調査総合センター）

神津島《こうづしま》

❶溶岩ドーム（天上山）
撮影：中野俊（産総研地質調査総合センター）

天上の神々が集う名水の島

［東京都神津島村］

伊豆諸島の砂浜を歩くと、足元の土が黒い島と白い島にはっきりと分かれていることに気づく。白い島とは新島・式根島、そして神津島の3島である。この色の違いは、火山のマグマに含まれる二酸化ケイ素の含有量の差であり、白い砂は流紋岩と呼ばれる粘性の高い岩質である。島の中央には9世紀の天上山噴火の際に形成された溶岩ドームが存在感を放っておりⒶ❶、その周辺には伊豆大島と同様に裏表の「砂漠」が広がっているⒷ❷。

伊豆諸島の島生み神話では、神津島は伊豆の島々で2番目につくられたとされ、神が天上山に集まって各島に水を分配したという。この島に湧き水の豊富な所以と言われていて、東京の名湧水57選にも2ヶ所が選ばれている。水質に恵まれる神津島は海水も日本屈指の透明度で知られていて、多幸湾Ⓒ、前浜海岸Ⓓ、沢尻湾Ⓔなど白砂の美しいビーチがある❸。神津島随一の景勝地である赤崎海岸の遊歩道Ⓕ❹には飛込台も設けられ、水中の熱帯魚やサンゴが観察できる。

神津島はコウヅシマヤマツツジなどで知られる花の名所でもあり、春から秋にかけ山道で多くの花々を楽しめる。また2020年には日本で2番目の「星空保護区」にも認定され、近年ではアニメ『ラブライブ！スーパースター!!』や『天気の子』などのモデルともなり、幅広い層に愛される島である。

❸前浜

❷天上山 裏砂漠

面積	18.24km²
周囲	33.3km
標高（天上山）	572m
人口	1,855人

❹赤崎遊歩道
©東京諸島観光連携推進協議会

八丈島《はちじょうじま》

対照的な2つの火山が結合した島

［東京都八丈町］

❶八丈島全景　出典：海上保安庁HP（海域火山データベース）

❻八丈小島（無人島）も火山島である
撮影：下司信夫
（産総研地質調査総合センター）

八丈島は東京から南方２９０kmの伊豆七島最南部に位置し、東山（７０１m）と西山（８５４m）の２つの活火山が接合したひょうたん型が特徴の火山島である❶。北緯33度で黒潮の影響を直接受けるため高温多湿、島全体が南国情緒にあふれる。

東山Ⓐ❷は10万年前から３７００年前まで噴火活動があり、別名「三原山」と呼ばれ、西山Ⓑ❸は17世紀頃まで噴火の記録が残っており、富士山と同様な円錐形を持つ成層火山で別名「八丈富士」と呼ばれる。八丈富士には７合目に鉢巻道路（周回路）が整備され、登山口から高低差３００mの階段を登ると火口外縁に達する。ここから「お鉢巡り」Ⓒで火口丘を一周するもよし、火口内に降りて探索するもよしであるが、随所に断崖絶壁や展望が利かない樹海のような場所があるため、それ相応の装具は必要である。

三原山は八丈富士とは対照的に侵食が進んだ地形を持ち、中央部分は大きく陥没した直径１kmのカルデラとなっている。カルデラ壁を沿うように登山道が整備され、鬱蒼と茂る樹木や渓流、湿原など自然の奥深さを味わえる。

島の南西部には個性的な温泉が点在し、トレッキング後の疲れを癒すにはうってつけであるⒹ❹。また同エリアでは地熱発電所も稼働していたが、２０１９年3月、老朽化により廃止されたⒺ❺。現在は新たな地熱発電所設置に向けた準備が進められている。

なお、八丈島の西７kmに八丈小島があるが、１９６９年以降は無人島となっている❻。

❸八丈西山（八丈富士）
撮影：中野俊（産総研地質調査総合センター）

❷八丈東山（三原山）
撮影：中野俊（産総研地質調査総合センター）

面積	69.11㎢
周囲	51.3km
標高（西山（八丈富士））	854m
人口	7,042人

❺かつて稼働していた八丈島地熱発電所

❹「足湯きらめき」（無料）

青ヶ島《あおがしま》

カルデラが守る秘島の自然と民俗

［東京都青ヶ島村］

❶青ヶ島全景　出典：海上保安庁HP（海域火山データベース）

「日本の秘境」に必ず名前の挙がることで有名な青ヶ島❶。八丈島の南67km、急崖に囲まれた絶海の孤島という地勢に加え、人口１７０人余で一島一村を構成する日本最小の自治体であることもその要因だろう。三宝《さんぽう》港Ⓐへの船の着岸率は50％とその隔絶性は変わらぬにせよ、国内外での知名度の高まりにより、近年はわずかながら観光化の波も寄せている。

島の象徴たる二重カルデラは海底１２００ｍに広がる火山の山頂部で、カヌレの形をした内輪山の丸山Ⓑは１７８０年代の天明噴火でできた新しい火口丘である。上陸を拒むかのようにそびえる外輪山は、他方で天然の屏風の役割も果たしていて、厳しい海風や台風から農作物を守ってきた。山頂にある大凸部《おおとんぶ》展望台からはその特徴的な島の造形が一望できるⒸ❷。

カルデラ内の池之沢Ⓓは今も島の生活を支える畑地となっていて、島の酒「青酎」の材料となる亜熱帯植物・オオタニワタリ❸も生い茂っている。また、丸山の山肌の噴気孔から出る蒸気は「ひんぎゃ」❹と呼ばれ、製塩やサウナ、蒸し料理などの用途に役立てられているⒺ❺。

こうした自然条件によって、かつてはたびたび飢饉に見舞われた八丈島よりも青ヶ島の生活は安定していた。天明の大噴火で避難した島民たちが50年かけて悲願の帰島を果たした「還住」の歴史を青ヶ島の島民は誇りにしているが、それは火山がもたらす恵みと災いとの共存の歴史でもある。

❹吹き上げる蒸気（ひんぎゃ）

❺ひんぎゃで蒸し料理

❷大凸部展望台

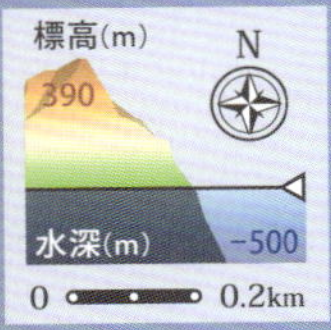

❸オオタニワタリ

面積	5.96km²
周囲	9.4km
標高(大凸部)	423m
人口	169人

粟島《あわしま》

日本海の波濤を受ける小さな衝立島

〔新潟県粟島浦村〕

❸島西岸の柱状節理

❹わっぱ煮

日本海を代表する島といえば佐渡島だが、その北東にある小さな有人島の存在はあまり知られていない。粟島は周囲23km、消防署も常設の交番もない人口400人弱の島だが、粟島浦村として1ヶ村の自治体を構成する。大謀網によるタイやヒラメなどの水揚げと、新潟県内のレジャー客や釣り人を対象にした民宿業が盛んである。日本で数少ないオオミズナギドリの繁殖地Ⓐが人家近くにあり、その他200種もの渡り鳥が観察できることから、バードウォッチングのメッカとしても名高い。

海岸段丘が何層にも重なった起伏の激しい地形で、内浦Ⓑと釜谷Ⓒの2つの集落のほかには平地らしい平地はない。島の玄関・内浦港のすぐそばにある弁天様の祠❶は、陸地に囲まれた高い岩の上にあるが、1964年の新潟地震で海底が1mも隆起した結果なのだという。266mの小柴山Ⓓ山頂にある粟島灯台❷は日本で3番目に高いところにある灯台で、頂上からは対岸の蒲萄《ぶどう》山地をはるかに望むことができる。

島の周囲は、ひたすら緩やかな起伏の続くウォーキングコースである。島の西岸では頁岩《けつがん》の海蝕が進み、節理に富んだ玄武岩質の荒々しい海岸が目を楽しませてくれる❸。周回には自転車がおすすめだが、足に自信があれば1日かけて歩いてみてもよい。

粟島の郷土料理「わっぱ煮」❹は、玄武岩の石を熱して「わっぱ」の容器に入れ、沸騰したお湯の中で魚を煮込んで作る豪快な漁師飯である。島歩きを楽しんだ後はぜひとも味わってもらいたい。

❶岩山の上に祠がある

面積	9.78km²
周囲	23.1km
標高（小柴山）	266m
人口	353人

❷粟島灯台

口永良部島《くちのえらぶじま》

活火山は恵みをもたらす動力源
［鹿児島県屋久島町］

❶口永良部島全景
出典：海上保安庁HP（海域火山データベース）

口永良部島は屋久島から西に約12㎞にある火山島である❶。古い火山体の番屋ヶ峰Ⓐからなる西部と、新岳・古岳・鉢窪・野池山Ⓑ❷からなる東部が連結したようなひょうたん型で、東部は極めて活発な火山である。過去1万年の噴火はすべて東部側の山頂部で発生している。直近では2015年5月、新岳から噴煙が9000mまで上昇する爆発的噴火を起こし❸、噴石が火口周辺に飛散したほか、北西側（向江浜《むかえはま》地区）に向けて火砕流が流下した❹。この噴火で全島民が屋久島へ避難、避難生活は7ヶ月間ほど続いた。その後も古岳近辺では火山性地震がたびたび発生、新岳からも今なお噴煙が上がっているが、島民にとっては日常的な現象で、豊かな自然の恵みをもたらす動力源として捉えられている。

その恩恵の1つが温泉で、本村《ほんむら》温泉Ⓒ、西之湯温泉Ⓓ❺、寝待《ねまち》温泉Ⓔ、湯向《ゆむぎ》温泉Ⓕ❻の4つがあり、いずれも源泉掛け流しでワイルドな雰囲気を味わえる。ただし機材故障や土砂崩れ等で入浴不可となっている場合もあり、事前に現地確認が必要である。

島内人口は100人を切るものの民宿が各集落に8軒あり、どこも快くもてなしてくれる。中央のくびれた部分にわずかに平地が開けており、ここの本村地区Ⓖが最大の集落となる。小中学校が1校、郵便局と診療所、町役場出張所がそれぞれ1軒設置され、1日1便の町営フェリーが本村港と屋久島の宮之浦港を約100分で結ぶ。

❷新岳火口
出典：海上保安庁HP（海域火山データベース）

❸2015年噴火
出典：海上保安庁HP（海域火山データベース）

口永良部島

面積	35.81㎢
周囲	49.7km
標高（古岳）	657m
人口	93人

❹火砕流（本村より撮影）
出典：口永良部島観光サイト掲載（撮影：二神璋氏）

❺西之湯温泉の外観と内観
出典：口永良部島観光サイト掲載

❻湯向温泉の外観と内観
出典：口永良部島観光サイト掲載

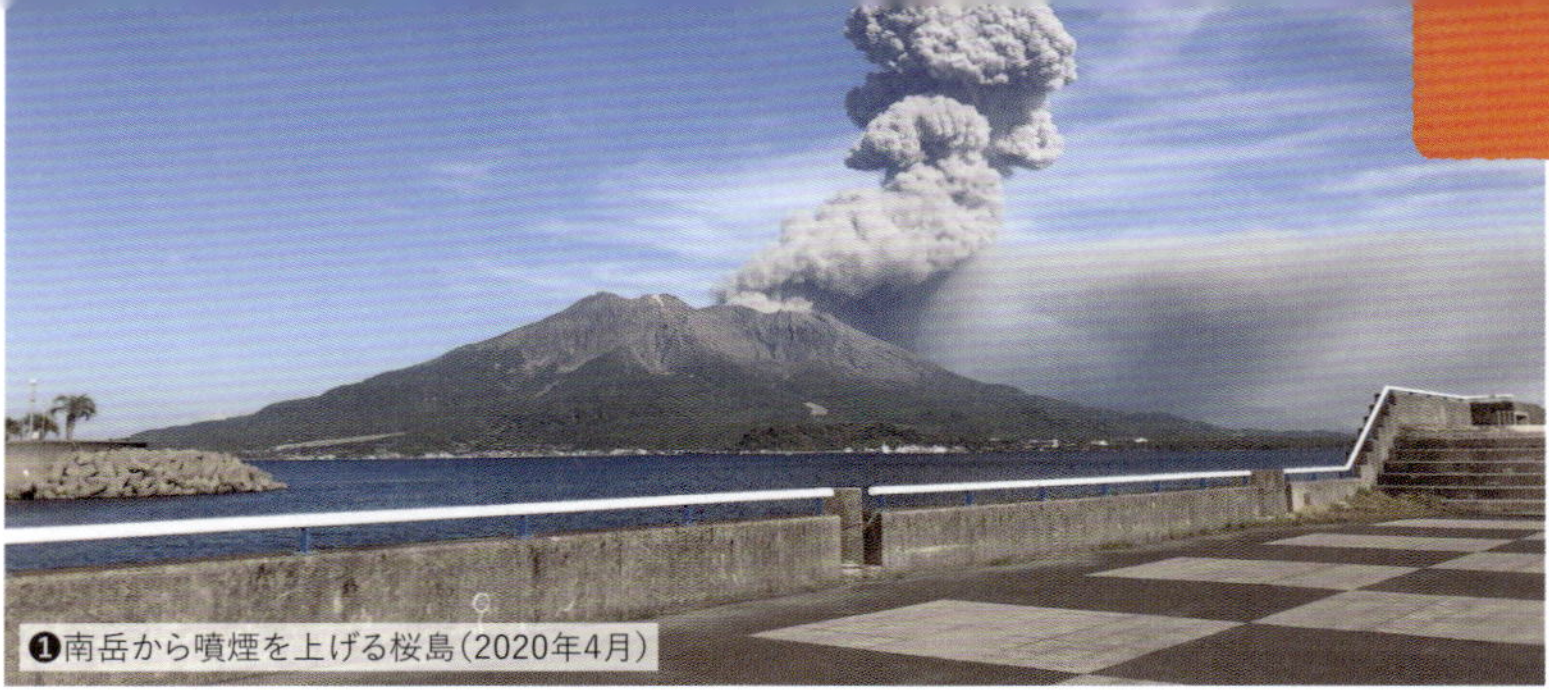

❶南岳から噴煙を上げる桜島（2020年4月）

桜島《さくらじま》

かつては離島だった鹿児島のシンボル

［鹿児島県鹿児島市］

桜島は1914年の大正噴火までは離島の1つであった。この噴火の溶岩流により南西側で大隅半島の戸柱鼻《とばしらばな》Ⓐと一部が陸続きとなったが、対岸の鹿児島市からフェリーで渡るのが一般的である。

島自体は鹿児島湾北部を形成する姶良《あいら》カルデラの南縁に位置し、頻繁に噴火を繰り返す極めて活動的な火山である❶。南北方向に並んだ北岳・中岳・南岳の3つのピークを要する御岳《おんたけ》Ⓑは標高1000m以上、中腹から山頂は降灰等により植生が見られず、その堂々とした威容は見る者を圧倒する。一般の立ち入りが許可されている最高地点は北岳4合目の湯之平《ゆのひら》展望所（373m）Ⓒだが、迫力ある山肌を間近で観察できる❷。

玄関口である桜島港からすぐの烏島展望所Ⓓは、もともと沖合500mにある「島」が大正噴火の溶岩流に飲み込まれたもので、ブロック状になった溶岩流の露頭が随所に見られる。なお、南西部にある有村溶岩展望所Ⓔでも同様の風景が広がる❸。

西側には大正噴火による降灰や噴石によって埋没してしまった腹五社《はらごしゃ》神社（黒神神社）の鳥居跡Ⓕが残されており、当時の噴火の凄まじさを語り継いでいる❹。埋没鳥居の北には、1946年の昭和噴火で流出した溶岩原に設置された展望台（黒神ビュースポット）Ⓖもあり、今も噴気を上げる昭和火口を正面に望むことができる。

北側は南側と比べてなだらかな扇状地状の地形となっており、水はけのよい火山性の土壌を活かした農作物の生産が行われている。なかでも世界一大きな大根としてギネスブックにも認定された「桜島大根」Ⓗが有名で、1月から2月頃に収穫最盛期を迎える❺。

❺桜島大根収穫体験　©鹿児島市

❸有村溶岩展望所　©鹿児島市

❷湯之平展望所　©鹿児島市

❹黒神埋没鳥居　©K.P.V.B

面積	約80㎢
周囲	約52km
標高（北岳）	1,117m
人口	3,641人

❹クロシマヤツシロラン
撮影：末次健司

❶薩摩黒島全景　提供：三島村役場

薩摩黒島《さつまくろしま》

急斜面と断崖に囲まれた深緑の世界
［鹿児島県三島村］

鹿児島港からフェリーで6時間、薩摩黒島は東シナ海に浮かぶ東西約5・7㎞、南北約4・0㎞、安山岩からなる楕円の島である❶。薩南諸島には東西2列の火山列があり、東側は火山活動が活発である一方、西側は古い火山で、黒島はこちらの旧期火山列の北端に位置する。ほぼ中心に最高峰の櫓岳《やぐらだけ》（６２０ｍ）Ⓐがあり、そこから放射線状に開析の進んだ谷地形が発達する。海岸部は東シナ海の荒波に晒され著しく侵食が進み、平地はほとんど存在しない❷。足がすくむような高さの断崖絶壁が島を取り巻き、塩手鼻Ⓑなどでは、安山岩が剥き出しになったワイルドな海食崖を望むことができる❸。

島内には、スダジイ群落やアカガシ群落などの豊かな照葉樹林が広がる。光合成を行わないクロシマヤツシロラン❹や陸生貝のクロシマベッコウなどの固有種も生息し、島の植物群落は国の天然記念物にも指定されている。豊かな緑のなかを進むトレッキングは、島の人気のアクティビティだ。

集落は北東の大里Ⓒと北西の片泊Ⓓ❺の2ヶ所だけで、港も同様である。島には大きな工場はないが、国の焼酎特区として認定されたことで、２０１８年に村営の焼酎工場Ⓔが完成し、工場見学も可能❻。島内で原料のサツマイモ栽培から行い、豊富な水を使って島の人々が丁寧につくった焼酎を島で味わいたい。

また、島を周回する道路の脇は放牧場で、ブランド牛「みしま牛」❼が育まれている。

❸塩手鼻の海食崖　提供：三島村

❷絶壁に囲まれた港

❻焼酎工場 提供：三島村

❺片泊集落

面積	15.39km²
周囲	20.1km
標高（櫓岳）	620m
人口	194人

❼放牧場のみしま牛

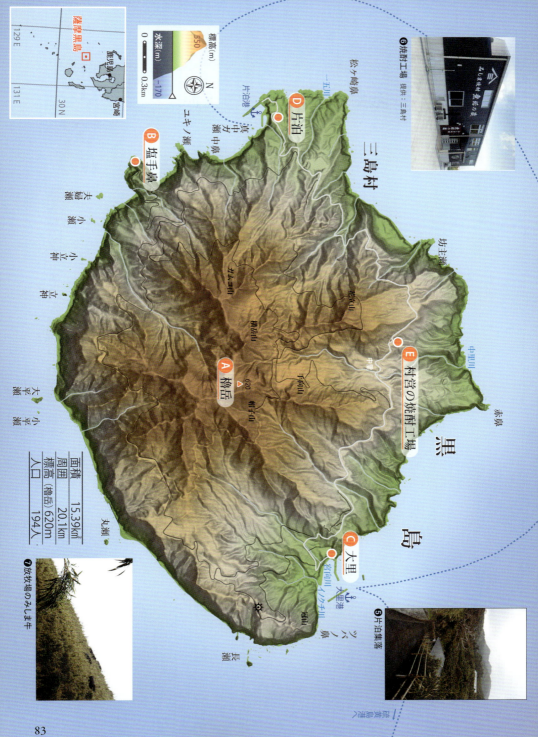

淡路島《あわじしま》

断層に挟まれた瀬戸内海最大の島

［兵庫県淡路市・洲本市・南あわじ市］

❶姫路側から見た明石海峡大橋

瀬戸内海と大阪湾を堰のように仕切る淡路島は、北の明石海峡大橋Ⓐ❶と南の大鳴門橋Ⓑ❷で本州と四国を繋ぐ東の架け橋となっている。１９９５年１月17日、この淡路島北部の深さ16㎞を震源とするＭ７・３、最大震度７の激震（兵庫県南部地震）が襲った。阪神・淡路大震災の発生である。

淡路島では北部を中心に甚大な被害が生じ、六甲・淡路島断層帯の一部である野島断層が地表に露出した。この断層は震源に最も近く、最大で上下方向に約１ｍ、水平方向に約２ｍの右横ズレを生じた逆断層である。北淡町新小倉地区にある北淡震災記念公園Ⓒ❸には断層の一部分がそのまま保存され、トレンチ展示ではその断面を観察できる❹。そのほか、断層の真横にありながら激震に耐えた鉄筋コンクリート造りの家「メモリアルハウス」では、倒れた家具類などを再現した室内の様子も見学できるなど、約30年が経過した今も、震災当時の生々しさを残す貴重な場所となっている。

この震災発生から約３年後の１９９８年４月、神戸市と淡路市を結ぶ明石海峡大橋が完成した。台風や地震にも十分耐えうる堅牢性を謳って設計され、図らずも建設中に直下地震に見舞われた形だが、橋脚基礎が設置された地盤が動いたことで橋の長さが

❹野島断層の断面

❷徳島側から見た大鳴門橋

❿急峻な諭鶴羽山地
Pinqui, CC BY-SA 3.0 <https://creativecommons.org/licenses/by-sa/3.0>

❼淡路島産のタマネギ

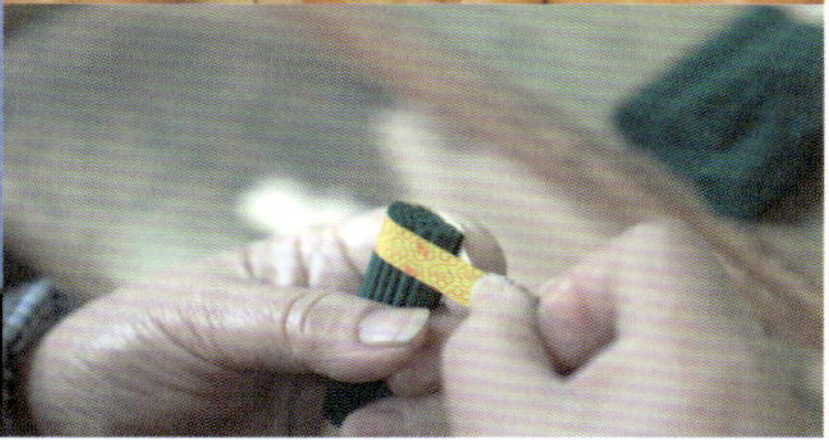

❽線香を作る職人
一般社団法人 淡路島観光協会

1m弱伸びた程度で済み、工事をやり直すような事態には至らなかった。完成時の全長は3911m、中央支間長1991mで世界最長であった（2024年現在、世界2位）。震度7の地震でもビクともしない技術力の高さは復興途上にあった被災地を勇気づけ、開通後は文字通り本州との架け橋となって復興を後押しすることとなった。なお、毎年1月17日と、東日本大震災の発生日である3月11日にはパールホワイト一色でライトアップされる。

南東部にある三熊山は植物の宝庫で、1562年に築城された洲本城（三熊城）跡がありⒹ、山頂の天守台からは眼下に洲本市街、紀淡海峡や島中央部の山地が見渡せる❺。

一方、島の中南西部は三原平野Ⓔを中心に比較的なだらかな平野地形を有し、温暖な瀬戸内海式気候と水はけの良く肥沃な土壌が相俟って農牧業が発達する❻。なかでもタマネギは全国有数の出荷量を誇るが、実はコメとレタスの三毛作となっている。高品質な淡路島産タマネギはブランド化し、島内の産業を支えている❼。

島内の産業において生産量日本一、全国70％のシェアを誇るのが線香である❽。19世紀半ばから線香作りが始まったと言われ、淡路市江井地区Ⓕ❾には線香メーカーが多く集まっている。街中はほんのりとお香の香りが漂い、2001年、環境省が選定した「かおり風景100選」にも選ばれた。

島の南部には最高峰である諭鶴羽《ゆづるは》山（608m）Ⓖを含む急峻な諭鶴羽山地が広がっている❿。このエリアは四国の讃岐山脈から紀伊半島の和泉山脈に連なる中央構造線の一部分に該当し、南側の海岸は急斜面を伴う断層崖となっている。このため、県道76号線（南淡路水仙ライン）は海岸線ぎりぎりを通り抜け、特に難所である熊田海岸近辺Ⓗは道路も内陸側に迂回している。

❻三原平野のタマネギ畑

淡路島《あわじしま》

❸北淡震災記念公園にある野島断層保存館

❾線香の島の町並み
一般社団法人 淡路島観光協会

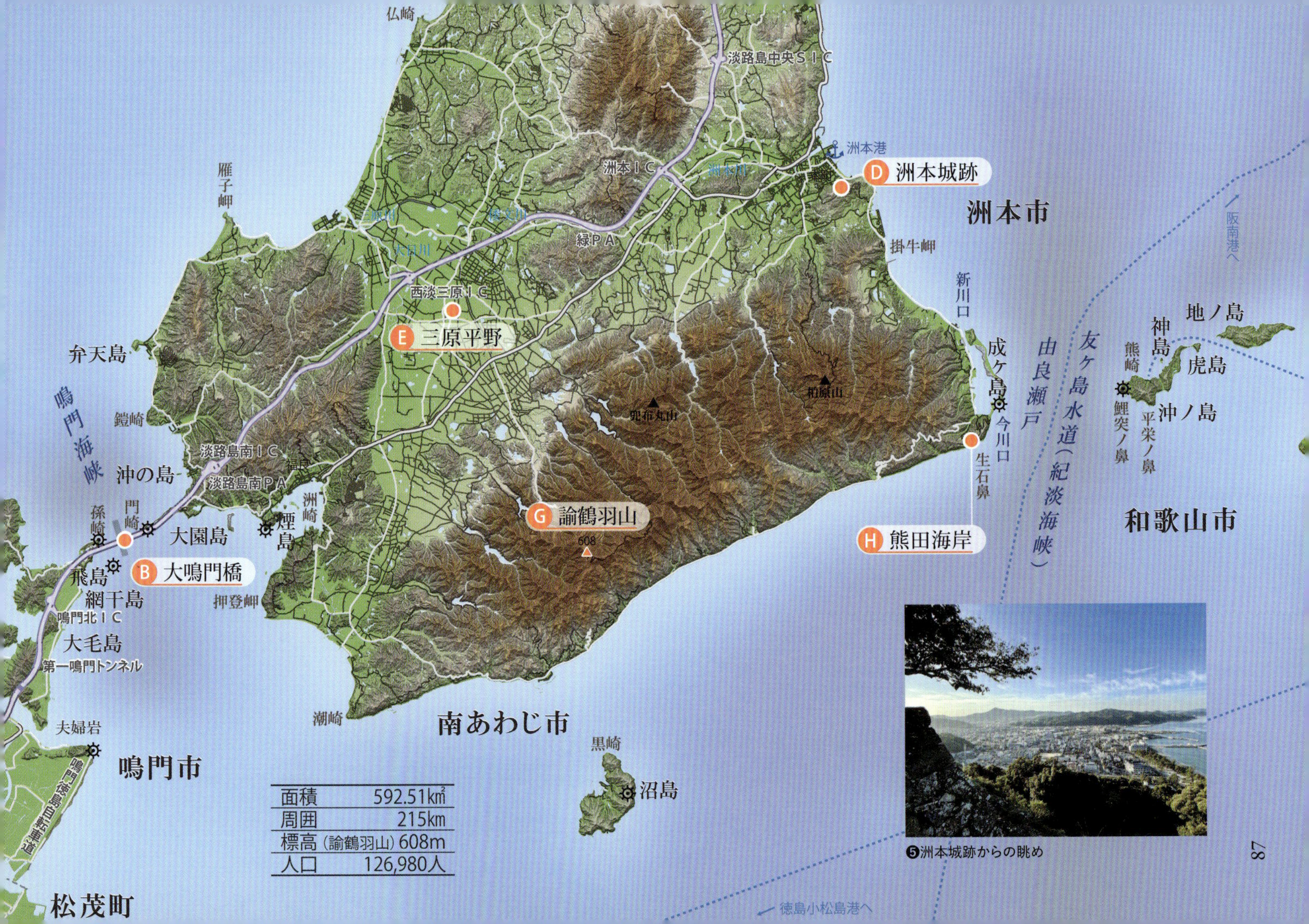

面積	592.51㎢
周囲	215km
標高（諭鶴羽山）	608m
人口	126,980人

❺洲本城跡からの眺め

隠岐諸島《おきしょとう》

❼急峻な岸壁が続く国賀海岸

日本列島の成り立ちを記録する島々

［島根県隠岐の島町・海士町・西ノ島町・知夫村］

隠岐諸島は、島根半島の北方約40～80㎞の日本海に点在する島々で、4つの有人島と約180の小島からなり、島前《どうぜん》と島後《どうご》に分けられる。島前は、西南部に位置し、知夫里《ちぶり》島（知夫村）、中ノ島（海士町）、西ノ島（西ノ島町）の3つの主要な島で構成され、島後は、1つの島（隠岐の島町）で構成されている。

隠岐で見られる最古の岩石は、約2億5000万年前の隠岐片麻岩（隠岐変成岩類）❶であり、銚子ダムⒶ周辺で見られる。同時期に形成された片麻岩は、飛騨地方や朝鮮半島にも分布しており、隠岐を含めたこれらの地域はかつて一続きであったことが推測される。その後、約2600万年前の新第三紀に始まった火山活動によって、隠岐と日本列島はユーラシア大陸から分離し始め、約600万年前に発生した激しい火山活動により現在の島の原型ができあがった。島前の3島は、こうした大規模な火山噴火によって生じた「カルデラ」の外輪山である。

島後の南西側海岸近くの山には、約550万年前の噴火で流れ出た溶岩でつくられたアルカリ流紋岩が分布している。流紋岩質マグマが急冷される時にできるガラスの一種が黒曜石で、主に島後の沿岸域の地層から産出する。隠岐の黒曜石は純度が高く良質なため、石器に利用され、中国地方を中心に古くから広い範囲に流通していたことがわかっている。また、島後の東海岸には約400～200万年前の玄武岩質の溶岩が分布して

❷地球内部の鉱物を取り込んだマントルゼノリス

（一社）隠岐ジオパーク推進機構

❶2億5000万年前に形成された隠岐片麻岩

（一社）隠岐ジオパーク推進機構

❿オキサンショウウオ
(一社)隠岐ジオパーク推進機構

❾玉若酢命神社の御神木八百杉

おり、上部マントルを構成する黒色の輝石や黄緑色のカンラン石といった地球内部の鉱物を取り込んだマントルゼノリス(捕獲岩)❷が見られる。

隠岐諸島の火山活動は約40万年前に収束し、大規模な火山活動による火山堆積物に覆われた大地は日本海の荒波と風雨によって浸食され、島前の西ノ島天上界Ⓑ❸や明屋《あきや》海岸Ⓒのハート岩❹、島後のローソク島Ⓓ❺や白島《しらしま》海岸Ⓔ❻などの急峻な岸壁や奇岩が多く形成された。

島前の西ノ島の北西に続く国賀海岸Ⓕ❼は、大陸からの北西の季節風と、それによって引き起こされる強い北西の波を受けて大地が削られ、島を形成する大地の内部が崖に現れている。知夫里島の西岸に続く断崖の一部には、この場所に火口が存在したことを示す赤壁Ⓖ❽と言われる鮮やかな赤い岩の崖があり、様々な色と模様が刻まれた赤壁は隠岐の中でも特に美しい海岸の1つとして知夫里島のシンボルとなっている。

島後の南部にある岬地区には直径約250m、高さ約100mの爆裂火口Ⓗがあり、噴出した玄武岩溶岩と火砕岩で形成されている。この火口から西郷湾の入り口にかけて緩やかに傾斜した溶岩台地が連なっており、台地上には隠岐空港が設置されている。

こうした島の成因は島の生物分布や文化にも影響を与えている。島後には、玉若酢命《たまわかすのみこと》神社Ⓘの御神木で樹齢千数百年と言われる八百杉❾や樹齢800年と言われる布施大山神社Ⓙのご神体杉のほか、乳房杉、かぶら杉、マド杉など樹齢が数百年を超える杉の巨木が多く見られる。これらの杉は、隠岐の自然環境の影響を受けたと考えられ、神道のルーツとされる巨木信仰の形態を現在に伝えている。

このほか、隠岐には小型のオキサンショウウオ❿、在来種のオキタンポポ、冬眠する小型哺乳類のヤマネなど、他の地域に見られない固有種の動植物が存在している。海岸では、北方系のハマナス、南方系のナゴラン、高山植物のクロベ、氷河期植物のカタクリが混在して見られ、こうした独特な植生は隠岐の地質的な要因によるものと考えられている。

❽火口の存在を示す赤壁

❺ローソク島

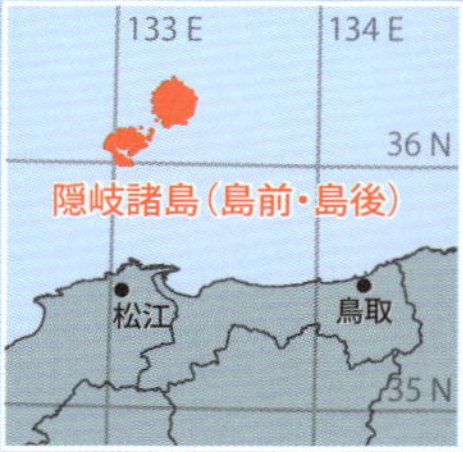

【島後】

面積	242.83㎢
周囲	209.9Km
標高	（大満寺山）608m
人口	14,608人

❻白島海岸

隠岐諸島《おきしょとう》

❹明屋海岸（ハート岩）

❸西ノ島天上界

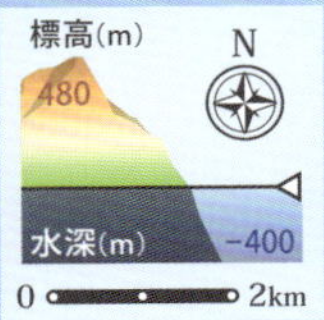

【中ノ島】

面積	33.46㎢
周囲	89.1km
標高	（家督山）246m
人口	2,267人

【西ノ島】

面積	55.96㎢
周囲	116.1km
標高	（焼火山）452m
人口	2,788人

【知夫里島】

面積	13.70㎢
周囲	49.6km
標高	（アカハゲ山）325m
人口	634人

姫島《ひめしま》

七不思議を語り継ぐ伝説の島

［大分県姫島村］

❶北側から見た姫島

姫島は国東《くにさき》半島の北約６kmの周防灘《すおうなだ》に浮かぶ大分県唯一の一島一村の島である。最高峰の矢筈《やはず》岳（２６６ｍ）Ⓐをはじめ、約30万年前から始まった火山活動で生まれた７つの火山を砂州が繋ぐ独特の形状❶で、黒曜石産地である観音崎Ⓑ❷、大海のコンボリュートラミナⒸ❸など、島内各所に珍しい地層や火山活動の痕跡が残る。２０１３年には「火山が生み出した神秘の島」として島全体が日本ジオパークに登録された。

古事記の国生み神話においては、伊邪那岐命《いざなぎのみこと》と伊邪那美命《いざなみのみこと》の二柱が産んだ「女島」とされる。古くから「姫島七不思議」の伝承が語り継がれ、島内各所に伝説のスポットが点在する。その１つ拍子水Ⓓ❹は、お姫様が口をゆすごうとして手拍子を打ったところ水が湧き出たと伝えられ、近くにこの炭酸水素塩泉を使った温泉施設がある。

穏やかな内海に位置することから、古来より風待ち、潮待ちの港として瀬戸内海航路の要衝の役割を担った。慶長年間には、砂州が生み出す遠浅の地形と干満の差を利用した入浜式塩田による製塩業が営まれ、島内各所に塩田の遺構が残されている。現在はこの塩田跡地を利用し、特産品「姫島車えび」の養殖も行われているⒺ❺。

また、春（5月から6月）と秋（10月上旬）、旅する蝶「アサギマダラ」が花の蜜を求めて多数飛来することでも知られるⒻ❻。

近年では、若者の人口流出対策と産業振興の一環「姫島ＩＴアイランド構想」のもと、島内のＩＴ企業・人材の県内外からの誘致が進められ、ＥＶを活用したカーシェアリングを利用できる。

❺車えび養殖場
写真提供：姫島村

❷黒曜石を産出する観音崎
写真提供：姫島村

❻アサギマダラ
写真提供：姫島村

❹拍子水　写真提供：姫島村

面積	6.99km²
周囲	17km
標高（矢筈岳）	266m
人口	1,725人

❸大海のコンボリュートラミナ
写真提供：姫島村

鹿島《かしま》

天へと続く瀬戸内海のピラミッド

［広島県呉市］

❶段々畑（2016年撮影）
提供：三木剛志

「鹿島」という地名は全国に数多く存在し、島の数だけでも数十島存在するが、ここで紹介する鹿島は広島県最南端の人口３００人弱の、瀬戸内海のほぼ中央に位置する島である。

鹿島は、段々畑の景勝地として有名である。平地が少なく急斜面の多い地形と花崗岩中心の土壌であり、農業には不向きな土地であった。それゆえ海から石を運び石垣を築き、農地を広げるために上へ上へと畑をつくり、山頂に向かって段々畑ができていった。その結果、天へと続く瀬戸内海のピラミッドが誕生した❶。この景観が農水省の目にとまり、「第６回美しい日本のむら景観コンテスト」で「だんだんばたけのピラミッド」として選出された。作物は温暖な気候に適したミカンがメインで、オレンジ色が山頂へと続く様がこの島の景観をより一層魅力的にしている。しかしながら、近年は人口の流出とともに段々畑も減り、一部は荒廃しつつあるため、島の最南端の宮ノ口地区Ⓐまで行くことをおすすめする。２００段近い段々畑と素朴な民家や路地がまだ残っている❷。

隣の倉橋島との間には鹿島大橋Ⓑ❸という全長３４０ｍのトラスト橋が架けられている。倉橋島と呉市本土は音戸《おんど》大橋開通で結ばれており、鹿島と本州本土は船に乗ることなくクルマで渡ることができる。鹿島大橋から見る瀬戸内と島々の眺めは素晴らしいが、橋上は駐車禁止なので注意したい。

❸鹿島大橋と北部の集落　提供：佐伯直樹

面積	2.62㎢
周囲	9.3㎞
標高	229m
人口	186人

❷宮ノ口集落と段々畑
提供:佐伯直樹

❸荒木海岸

❺サトウキビ畑の一本道　提供：喜界島観光物産協会

喜界島《きかいじま》

現在も隆起が続くサンゴ礁の島

［鹿児島県喜界町］

鹿児島県の奄美群島の北東部に位置し、鹿児島市から南へ約３８０km、奄美大島から東に約25kmにある隆起性サンゴ礁の島で、全島ほとんどがサンゴを起源とする石灰岩でできている。

現在もプレート変動の影響を受けて年間約２mmで隆起を続けており、隆起スピードは世界トップクラスである。

面積は約56・8㎢、最高地点が２１４mで、島全体の地形は、東が高く西に向かって低く傾斜している。東側で崖が露出している塩道Ⓐ北方の露頭では、基盤となる砂泥の地層の上にサンゴ礁性石灰岩起源の地層が乗る様子が観察できる。

標高２００mの百之台の展望台Ⓑから東に見える水平線は遮るものがなく、地球の丸さを実感できる❶。また、北部のトンビ崎海岸Ⓒには、隆起サンゴ礁の塊状の大きな岩❷が見られる。南西南部の荒木海岸Ⓓ❸には階段状の海岸段丘が発達し、段丘各段で採取されたサンゴ化石の年代から、地殻変動による隆起がおよそ１０００年単位で繰り返されていたことがわかっている。

島にはサンゴの石垣で囲まれた集落が多く、なかでも東部にある阿伝Ⓔの石垣❹は、高さ２m、厚さは１m近くもある。集落が海に面しており、台風の常襲地帯でもあるので、家を守るために高い石垣になったようである。このほか、隆起サンゴ礁のなだらかな斜面に広がるサトウキビ畑の中の一本道「シュガーロード」Ⓕ❺や島の中央部にあるウフヤグチ鍾乳洞Ⓖ❻なども観光名所になっている。

島の特産品には、黒糖を使った焼酎や菓子のほか、白ゴマや花良治《けらじ》集落Ⓗでしか生産されていない小ぶりの「花良治みかん」などがある。

❻ウフヤグチ鍾乳洞　提供：喜界島観光物産協会

❶百之台からの展望

❷トンビ崎海岸

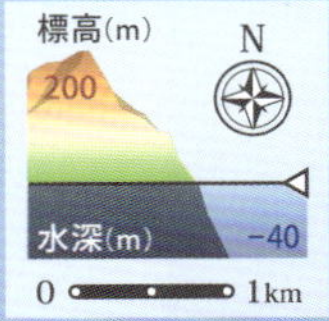

面積	56.82㎢
周囲	50.0km
標高	214m
人口	6,629人

❹阿伝集落　提供：喜界島観光物産協会

❶里集落

甑島列島《こしきしまれっとう》

海と陸から圧巻のジオスポットを堪能する

［鹿児島県薩摩川内市］

東シナ海東縁部に位置する甑島列島は上甑・中甑・下甑の3島を中心とする南北35㎞の島群で、日本三大トンボロの1つである里集落Ⓐ❶をはじめとして、特徴的な地形の宝庫というべき島々である。

上甑島の北岸に連なる長目の浜Ⓑ❷は4つの汽水湖を湛える長い砂州で、島津光久公が景観を「〝眺め〟の浜」と謳ったことが名称の由来である。天然記念物に指定された植物群落や世界的に稀少なバクテリアなども分布し、生態的にも貴重な湿地帯となっている。

甑島西海岸は岩の織りなす天然のキャンバスで、下甑島の鹿島断崖Ⓒ❸などでは切り立った地層の露頭を明瞭に観察できる。甑島は主に上甑層群・姫浦層群と呼ばれる層からなり、後者は天草諸島の御所浦島や獅子島のそれと連続している。後期白亜紀の堆積岩であるこの層からは恐竜化石などが多数出土し、一部は甑ミュージアムⒹで展示されている。

甑島の名前の由来と言われる甑大明神Ⓔ❹は、上甑・中甑を結ぶ細い岬・ヘタの串の上に立つ甑(せいろ)の形をした巨岩を祀る社で、古い巨岩信仰の名残を留めている。また下甑島・瀬々野浦の前の平展望所Ⓕでは「ナポレオン岩」❺をはじめとする奇岩群を一望できる。

2020年に甑大橋が開通し3島全てが陸路で結ばれたことで、甑島列島は周遊しやすくなった。上甑島の中甑港からは海岸の名勝を巡る約2時間のクルーズ船も就航している。海と陸の両側から甑島の奇観を楽しんでみるのもよい。

❸鹿島断崖

❷長目の浜 © K.P.V.B

❹甑大明神

❺ナポレオン岩 © K.P.V.B

【上甑島】

面積	44.20㎢
周囲	81.1㎞
標高（遠目木山）	423m
人口	1862人

【中甑島】

面積	7.28㎢
周囲	17.4㎞
標高（帽子山）	296m
人口	186人

【下甑島】

面積	65.56㎢
周囲	84.8㎞
標高（尾岳）	604m
人口	1935人

小値賀島《おぢかじま》

❶溶岩台地とスコリア丘からなる小値賀島

嫋《たお》やかな溶岩台地と交易の島

［長崎県小値賀町］

小値賀島は五島列島北部にあり、高速船に乗れば佐世保市から1時間半でアクセスできる。

新第三紀から第四紀に海底火山の噴火で誕生した島で、流動性の高い玄武岩質溶岩がつくるなだらかな台地の形成後、火口の周辺に噴出物が堆積して小丘がつくられた。小値賀島では、番岳Ⓐや愛宕岳Ⓑなどの点在する小丘をはじめ、柿の浜海水浴場Ⓒのように海底に沈んだ火口、さらに周辺の島々も含めて41の火口が確認され、小値賀島単成火山群とも呼ばれている❶。鉄分に富んだ赤い砂が打ち寄せる赤浜海岸Ⓓ❷や、火口の地質構造が観察できる五両ダキⒺ❸の露頭などのジオスポットは必見である。

古くから人が住み、日本と諸外国とを結ぶ重要な島であったことが知られており、島の景観を変える土木工事も早くから行われている。中村と牛渡との間の低地は、建武年間（1334―1336年）の干拓地Ⓕである。江戸時代には壱岐から移住してきた小田家により、捕鯨や島外との海産物取引で隆盛した。小田家の屋敷は町立歴史民俗資料館Ⓖとなり、島の歴史や当時の邸宅の様子が展示されている。島の中心地である笛吹郷Ⓗには当時の町並みが残り、ガイドツアーでの散策や、一部の武家屋敷や漁師町の家では古民家ステイ❹を楽しむこともできる。

❷赤浜海岸　©長崎県観光連盟

❸五両ダキ

❹古民家ステイ ©長崎県観光連盟

面積	12.27km²
周囲	57.3km
標高（本城岳）	111m
人口	2,017人

❹アンモナイト館
提供：天草宝島観光協会

❶御所浦島と牧島（倉岳神社より）

御所浦島《ごしょうらじま》・牧島《まきしま》

恐竜と化石の島
［熊本県天草市］

御所浦島と牧島❶は天草上島の南に位置し、両島は中瀬戸を挟んで中瀬戸橋Ⓐで結ばれている。最高地点は烏ヶ峠（烏峠《からすとうげ》）（４４２m）Ⓑ、御所浦島の中心集落は御所浦漁港Ⓒのある本郷、牧島の中心集落は中瀬戸橋のたもとにある牧本Ⓓで、周囲の海域ではタイやフグの養殖が行われている。

御所浦島は、白亜紀（約９０００万年前）に浅い海だった海底に堆積した砂泥が固化してできた地層からなり、地熱や大きな地殻変動による圧力を受けていないため、恐竜、亀・貝類などの化石が多く出土する。南部の採石場跡の海岸には、高さ２００ｍの白亜紀の地層の壁Ⓔ❷が露出している。１９９７年に南部の京泊Ⓕで国内最大級の肉食恐竜の歯の化石が発見され、その後も恐竜化石の発見が続いたことから「恐竜の島」とも呼ばれている。「御所浦恐竜の島博物館」Ⓖ❸では、これら発見された化石が展示され、御所浦港近くのトリゴニア砂岩化石採集場Ⓗや御所浦島南部の採石場跡の化石の採集場Ⓘでは自身で化石を採集できる。

牧島も同様に白亜紀の地層が存在し、中生代の恐竜やアンモナイトの化石が見られ、牧島にも「アンモナイト館」Ⓙ❹がある。

牧島の入江には舟隠《ふなかくし》という地名が残っているがⓀ、かつて平家の落人が隠れ住んでいたため、もしくは落人を追ってきた源義経が悟られぬよう船を隠したためという源平伝説〝舟かくし〟に由来している。

❸御所浦恐竜の島博物館
提供：御所浦恐竜の島博物館

❷白亜紀の地層の壁
提供：御所浦恐竜の島博物館

【牧島】

面積	5.59km²
周囲	24.8km
標高（長尾峠）	180m
人口	267人

【御所浦島】

面積	12.54km²
周囲	25.7km
標高（烏ヶ峠）	442m
人口	1,539人

諏訪之瀬島《すわのせじま》

噴火を繰り返す東シナ海の〝灯台〟

［鹿児島県十島村］

❷噴火した御岳

❶諏訪之瀬島全景　出典：海上保安庁HP（海域火山データベース）

鹿児島県吐噶喇《とから》列島の1つ諏訪之瀬島は、日本でも有数の活動的な火山島である❶。1956年以降は毎年噴火しており❷、中央部にある御岳《おたけ》（796m）Ⓐ❸は現在も一般は立ち入り禁止となっている。地中海の灯台と言われるストロンボリ島のように、噴火中は夜間になると稜線が赤く染まり❹、近辺を航行する漁師たちの目印にされていたという。

1813年の噴火は火砕物が全島を覆う大規模なもので、山体崩壊を起こし津波も発生したと言われている。この噴火で全島民が避難し以後70年間は無人であったが、明治時代に再び入植が始まった。とはいえ、居住可能なエリアは島の南西部に制限され、集落人口は約70人となっている。

主要な交通手段は鹿児島港と切石港Ⓑを結ぶフェリーだが、週に2～3便で9時間かかる。気象条件によって欠航や着岸できないこともあるため注意が必要である。なお、過去リゾート開発で開設された旧飛行場Ⓒを整備し直し、2022年から週2便の定期チャーター便（定員3名）の運航が開始された。

宿泊施設はあるが売店はなく、公共施設は簡易郵便局、小中学校、出張所、公民館、診療所が1つずつあるのみである。島内東部（作地鼻近辺）❺には御岳の山肌から温泉が流れ込んでできた「作地温泉」Ⓓと呼ばれる海岸際の湯壺があるが、陸路からは到達できず、波が穏やかな時に漁船をチャーターし最後は岩場へ飛び移る必要がある。絶景を独り占めできる露天風呂はまさに秘湯中の秘湯である。

❹夜間の火映現象

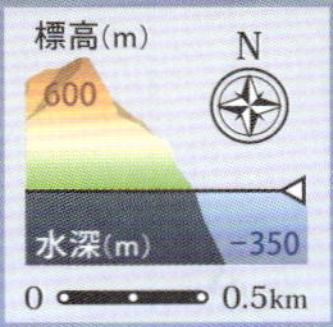

❸噴煙を上げ続ける御岳
出典：海上保安庁HP
（海域火山データベース）

諏訪之瀬島

面積	27.61km²
周囲	24.5km
標高（御岳）	796m
人口	78人

❺作地鼻付近は海水が変色していることもある
出典：海上保安庁HP（海域火山データベース）

八幡浜大島《やわたはまおおしま》

「地震の化石」シュードタキライトと龍神伝説

［愛媛県八幡浜市］

❷シュードタキライトの路頭
※現在、専門家以外は立入禁止となっている

❶5つの島からなる八幡浜大島

❸竜王池

豊後水道に細長く突き出た佐田岬半島の喉元、ミカン産地として知られる八幡浜市真穴地区の対岸に連なる5つの島（粟ノ小島《あわのこじま》、大島、三王島《さんのうじま》、地大島《じのおおしま》、貝付小島《かいつきこじま》）を合わせて大島という❶。

国の天然記念物に指定されているシュードタキライトの露頭Ⓐ❷で地質学的に知られる。これは、地震で断層が動く際に岩盤同士が摩擦熱で溶解・再固結した黒色ガラス質の岩石で、5000〜6000万年前の中央構造線の活動で生成され「地震の化石」とも言われる。

そのほか、龍神伝説とニホンカワウソの痕跡を残す竜王池Ⓑ❸、三王島のウバメガシの巨木Ⓒ、干潮時にのみ現れる貝付小島への道「エンジェルロード」Ⓓ❹など、自動車もない小さな島ながら各所に見どころは多い。

農業・漁業を主とする島で、春先の2〜5月にかけてヒジキの天日干しが堤防沿いの道で見られる。

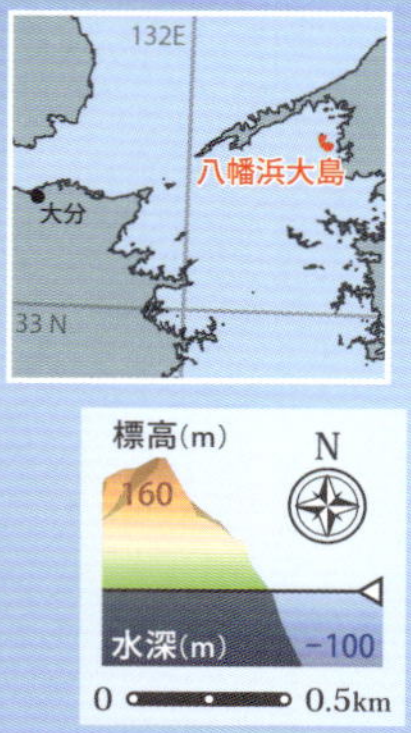

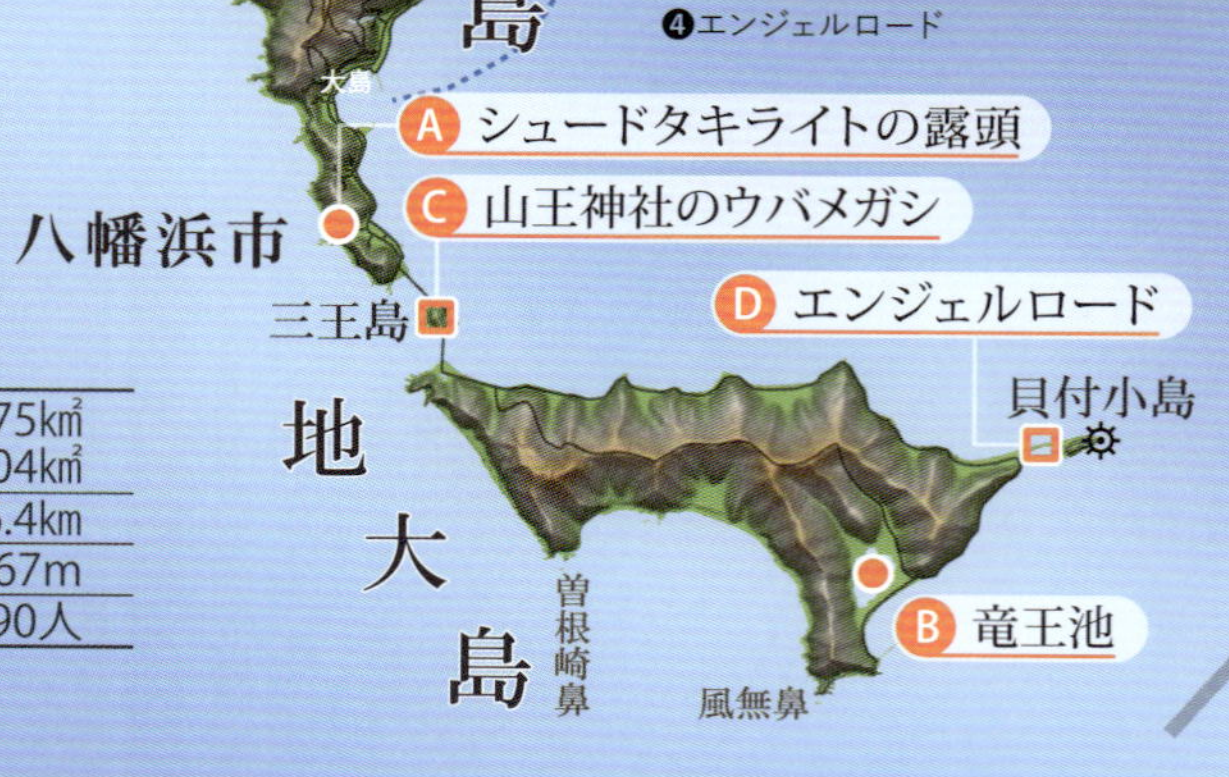

❹エンジェルロード

面積	（大島）	0.75㎢
	（地大島）	1.04㎢
周囲		6.4km
標高	（美濃山）	167m
人口		190人

第3章

生態と文化

島が育む生命

［口之島］野生状態で生息する口之島牛
提供：十島村

［天売島・焼尻島］羊
©羽幌町観光協会

天売島《てうりとう》・焼尻島《やぎしりとう》

海鳥たちの楽園に幻の羊が育つ

［北海道羽幌町］

❺森林散策 ©羽幌町観光協会

❶オロロン鳥 ©羽幌町観光協会

北海道の日本海側、羽幌沖にクサビ型の島が2つある。東側が焼尻島、西側にあるのが天売島だ。いずれも面積約5㎢強の小さな島で、海成段丘が発達する。

天売島はオロロン鳥とも呼ばれるウミガラス❶をはじめ、ウトウ❷やケイマフリ❸などの世界的に貴重な海鳥の繁殖地として知られている。その数は島の人口より多く、繁殖期になれば赤岩Ⓐ❹や屏風岩Ⓑ付近で鳥たちや彼らの巣穴を見ることができる。また、冬にはゴマフアザラシがやってきて岩礁に寝そべる愛らしい姿が人気だ。

焼尻島は、東浜Ⓒの裏手から段丘上まで島の3分の1が自然林に覆われる珍しい島である。この林は、北海道ではオンコと呼ばれるイチイやミズナラなど50種類以上の樹木で構成されるⒹ。通常は樹高10mを超えて育つ樹木も、厳しい海風や雪の荷重で這うように育ち、珍しい姿を見せている❺。自然林を抜けて段丘上に出ると、羊の群れに遭遇する。漁業の不漁に備えて始められた綿羊牧場Ⓔで、黒い顔のサフォーク種がのんびりと過ごしている❻。焼尻産のラムは、生産量の少なさから「幻のラム」とも言われるほどである。

段丘の上は平らな草原で、眺望も素晴らしく、レンタサイクルで走ると気持ちが良い。沿岸で獲れるウニも島の名物で❼、波の静かな朝には、ウニ漁の小型船が何艘も出ている様子が海岸から見られ、短い夏の風物詩となっている。

❻羊 ©羽幌町観光協会

❷ウトウ ©羽幌町観光協会

❸ケイマフリ ©羽幌町観光協会

❼焼きウニ ©羽幌町観光協会

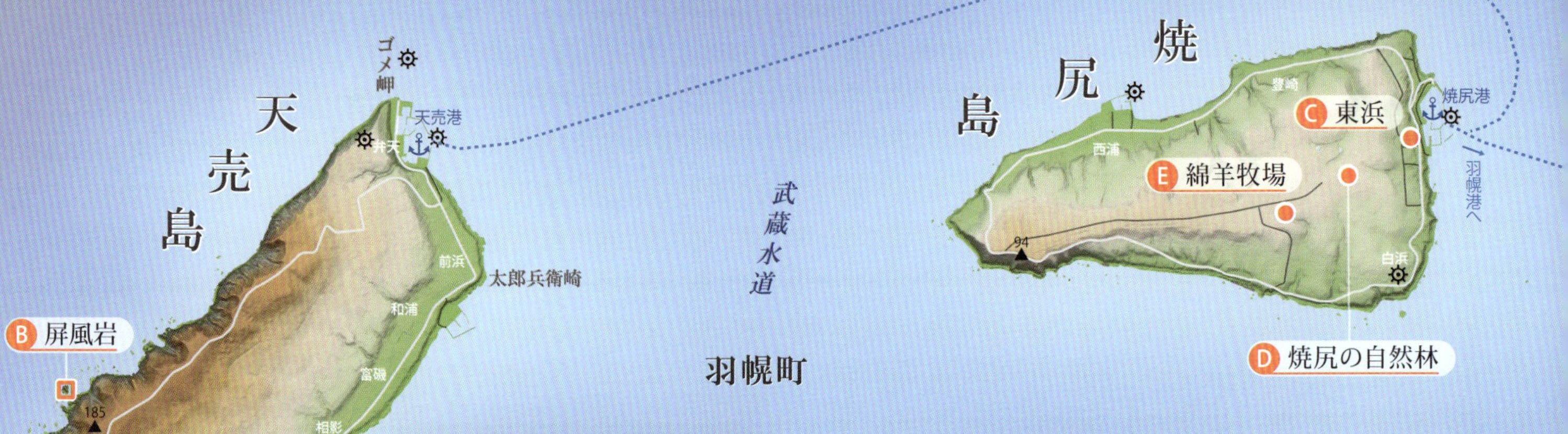

❹赤岩 ©羽幌町観光協会

【天売島】

面積	5.47km²
周囲	11.6km
標高	185m
人口	259人

【焼尻島】

面積	5.19km²
周囲	10.6km
標高	94m
人口	171人

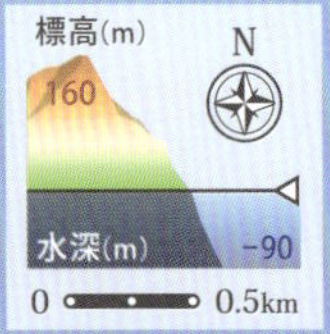

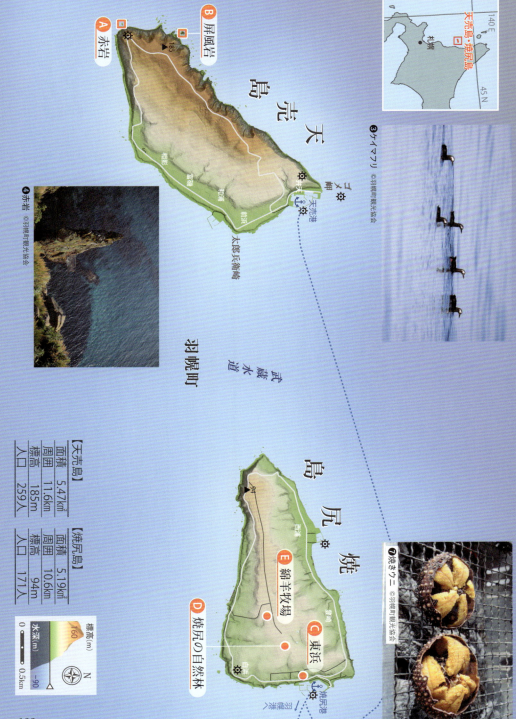

新島《にいじま》

良質なコーガ石を産するモヤイ像の島

［東京都新島村］

❺ハマユウ

❻カンムリウミスズメ

❷向山溶岩ドーム　撮影：中野俊（産総研地質調査総合センター）

新島は伊豆諸島の中心に位置し、竹橋桟橋から高速船で約3時間、調布飛行場から新島空港へは40分ほどで行けるため、マリンスポーツを楽しむ観光客が多い。特に、羽伏浦《はぶしうら》海岸Ⓐ❶は白く美しい砂浜が有名でサーフィンの聖地として人気が高い。

粘性高く白っぽい流紋岩質の単成火山を主体とし、中心の平地は主に火山砕屑物が堆積して形成された。点在する溶岩ドームは北部ほど古く南部ほど新しい傾向にあり、886年に噴火したとされる向山《むこうやま》（301m）Ⓑ❷では、世界的に珍しい石材である抗火石（コーガ石）❸を産出する。島内には、彫刻家や観光客がこのコーガ石を使って制作したモヤイ像が至る所に存在する❹。なお、渋谷駅のランドマークであるモヤイ像は新島産コーガ石で制作されたものである。

自然の恵み豊かな新島は貴重な動植物の宝庫でもある。ピンクの可憐な花びらと芳香が特徴のオオキリシマエビネや、ヒガンバナ科のハマユウ❺などの花々を観察できる。また、絶滅が危惧されているカンムリウミスズメ❻や、オオミズナギドリなどの海鳥が繁殖の時期に新島に飛来する。大型船で新島に向かう場合、海鳥ウォッチングができるかもしれない。

また、島内には3ヶ所の温泉があり、マリンスポーツで冷えた身体を温めることができる。なかでも南西側にある湯の浜露天温泉Ⓒ❼は、島内産のコーガ石を用いたパルテノン神殿風の温泉で、24時間いつでも新島の湯を堪能できる。

❼湯の浜露天温泉

❶羽伏浦海岸

❸コーガ石採石場

❹モヤイ像

面積	22.97㎢
周囲	41.6㎞
標高(宮塚山)	432m
人口	1,967人

対馬《つしま》

❷烏帽子岳から見た浅茅湾

［長崎県対馬市］

大陸と列島をつなぐ文化と生物の渡り道

九州と朝鮮半島の間に横たわる対馬（対馬島）は元々全体が陸続きだったが、江戸時代に掘削された大船越瀬戸Ⓐと明治時代に掘削された万関《まんぜき》瀬戸Ⓑ❶により上対馬・下対馬に分けられた。9割以上は山地で占められ、上対馬には御岳《みたけ》Ⓒ、下対馬には白嶽《しらたけ》Ⓓ・龍良山《たてらやま》Ⓔなど、聖域として守られてきた原生林を数多く残す。穏やかな水面を湛える浅茅湾《あそうわん》は真珠養殖に適しており、烏帽子岳Ⓕからは絶景の多島美を望むこともできる❷。

対馬は「国境の島」と言われる。日本列島と海外との交渉の経緯は長く複雑だが、大陸との近さと歴史の深さにおいて対馬は代表格である。古くは『魏志』倭人伝の「対馬国」に比定され、7世紀には金田城《かなたのき》Ⓖが築造されるなど、古代より大陸との交通の要衝であり防衛の拠点であった。中世以来、島を治めた宗氏は、山がちで米作に適さない島にあって、朝鮮との交易により勢力を維持してきた。城下町・厳原《いづはら》は居城の金石城❸と菩提寺の万松院Ⓗ❹が見守る港町でもある。1811年にこの地で日朝の国書が取り交わされた際、武家屋敷の石垣は美しく整備されたと言われ、今も町内各所にその名残を留めている❺。

現在、釜山と比田勝《ひたかつ》・厳原港を結ぶ高速船が就航しており、韓国から観光客の入込みが著しく、ハングルで書かれた看板もしばしば目にする。上対馬の韓国展望所Ⓘ❻や異国の見える丘展望台Ⓙは、日本では数少ない国境の展望地であり、天候が良

❸金石城の櫓門

❶万関瀬戸

❼ツシマヤマネコ

❺武家屋敷の石垣

ければ約50km先の釜山の街並みが見える。２０２０年には元寇時代の対馬を舞台としたゲーム『ゴースト・オブ・ツシマ』が世界的に大ヒットし、観光客も多様化しつつある。

大陸と日本の結節点である対馬は、生物の渡り道でもある。ツシマヤマネコ❼は日本では当地にしか生息しない大陸系の野生ヤマネコで、国の天然記念物に指定されている。棹崎《さおざき》公園にはツシマヤマネコの保全に取り組む対馬野生生物保護センターがあるⓀ。ほかにも、上対馬の鰐浦《わにうら》地区に群生するヒトツバタゴⓁ❽、赤い皮膚が特徴的な蛇アカマダラなど稀少な大陸系動植物が生息し、かつて大陸と陸続きであったことを物語っている。

鳥類に関しては、国内で見られる鳥の半分以上を観察できると言われるほどで、内山峠Ⓜはアカハラダカ❾が秋に40万羽もの群れをなして飛来する。近年ではアキマドボタルやユーラシアカワウソなども対馬海峡を越えて渡海・飛来している。

海を渡ってくるのは大陸の生物ばかりではない。ツシマテン❿、ツシマジカ、ツシマヒラタクワガタ⓫などは日本本土の動物の近縁で、いずれも対馬の固有亜種である。ツシマテンは絶滅が危ぶまれ天然記念物とされている一方、ツシマジカは個体数が多く、食害も問題となっている。ほかにも固有種は多数あり、日本在来馬の対州馬《たいしゅうば》⓬は古代に大陸から渡来した馬で、戸ごとに役畜として利用されてきた。島内で現存するのは、あそうベイパークⓃや目保呂《めぼろ》ダム馬事公園Ⓞなどで飼育されているわずか40頭ほどである。

⓬対州馬（あそうベイパーク）

❿ツシマテン

対馬《つしま》

❽ヒトツバタゴ

❻韓国展望所
（一社）対馬観光物産協会

⓫ツシマヒラタクワガタ
提供：（一社）対馬観光物産協会

❹万松院

❾アカハラダカ

面積	695.74km²
周囲	833.3km
標高（矢立山）	648m
人口	28,374人

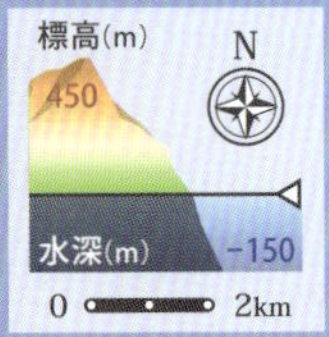

屋久島《やくしま》

洋上のアルプスが育む特異な生態系

［鹿児島県屋久島町］

❶宮之浦岳は屋久島のほぼ中央にある九州最高峰

大隅半島佐多岬からほぼ南へ約60kmにある屋久島は、九州最高峰の宮之浦岳（１９３６ｍ）Ⓐ❶など、約１４００万年前に貫入した花崗岩体を主体とする１０００～１９００ｍ級の山々が中央部に連なり❷、「洋上のアルプス」とも呼ばれる。マグマの熱よる熱変成を受けた周囲の堆積岩はホルンフェルス（接触変成岩）という極めて固い岩石になり、海側の地層が侵食されると切り立った崖となって多くの滝を形成した。その１つである大川《おおこ》の滝は水量や落差で最大規模であり、「日本の滝百選」にも選ばれているⒷ❸。

島の90%が森林で覆われ、大半が険しい山岳地形であり、亜熱帯性から亜寒帯に近い気候が同居するため海岸部から山頂部にかけて植生の垂直分布が見られる。人跡未踏の地帯も多く残され、年間降水量が平地で約４５００㎜（山間部は８０００～１００００㎜）と東京の２、３倍に近く、特異な生態系を育んできた。１９９３年には、島全体の約20%が白神山地とともに日本初の世界自然遺産に登録されている。

屋久島の代名詞とも言える屋久杉は、標高５００ｍを超える山地に自生する樹齢１０００年以上のスギを指し、島内には２０００年を超える巨木も多数存在する。その中の代表格が「縄文杉」Ⓒ❹や「紀元杉」Ⓓ❺であり、樹齢３０００年以上とい

❷花崗岩からなる山々

❽ウミガメが産卵のために上陸する永田浜

❹屋久島のシンボルとも言える縄文杉　©K.P.V.B

う説もある。縄文杉までは徒歩で往復8時間以上を要するが、紀元杉はバス停から徒歩1分でアクセスできる。さらに2017年には、未発見の超巨大杉伝説を捜索するというテレビ番組の特集が組まれ、航空測量会社がリモートセンシング技術を駆使し、解析結果をもとに現地調査隊が樹高45mという歴代1位の高さを誇る屋久杉を発見、「天空杉」と名付けられた。

野生動物としては、ヤクシカ❻とヤクザル（ヤクシマザル）❼が島固有の種として知られる。ヤクザルはニホンザルの亜種で、小柄で長くやや黒い体毛が特徴である。一時は準絶滅危惧種とされていたが、保護政策により回復し1～2万頭が生息すると考えられている。ヤクシカはニホンジカの亜種で最も小さいとされ、屋久島と口永良部島のみに生息する。ヤクザルと同じく造林の影響で生息数が激減したが、現在は約2万頭弱と推測され、逆に食害も懸念されるようになった。島内人口は1・1万人超（2024年現在）だが、「ヒト2万、シカ2万、サル2万」とも言われ、人と自然が共存できる自然を守っていこうという志が根付いている。

また、島北西部の永田浜Ⓔは世界有数のウミガメの産卵地として知られ、2005年、ラムサール条約にも登録された❽。毎年5～7月にはアカウミガメ・アオウミガメが産卵のために砂浜に上陸する。地元ではウミガメを保護しながら観察できるツアーも行っている❾。

❼ニホンザルの亜種であるヤクザル　©K.P.V.B

❻ニホンジカの亜種であるヤクシカ　©K.P.V.B

❾海中を泳ぐウミガメ

❺紀元杉

面積	540.48㎢
周囲	126.7km
標高（宮之浦岳）	1,936m
人口	11,765人

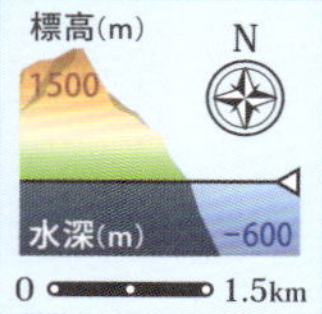

屋久島《やくしま》

❸屋久島を代表する滝「大川の滝」
©K.P.V.B

❼マングローブの原生林　©K.P.V.B

奄美大島・加計呂麻島《あまみおおしま・かけろまじま》

鬱蒼たる山野を抱く北と南の交差点

［鹿児島県奄美市・龍郷町・大和村・宇検村・瀬戸内町］

日本の指定離島のうち人口は第1位、面積は第2位を誇る奄美群島の主島、奄美大島（以下、大島）。名瀬の街Ⓐは鹿児島と那覇のほぼ中間に位置する貨客航路の中継地であり、最高級絹布の代名詞とも言える「大島紬《つむぎ》」の産地でもある。

奄美群島は、厳しい山稜の連なる大島・徳之島およびその周辺の離島と、平坦な喜界島・沖永良部島・与論島に大別される。なかでも大島の日照時間は日本一短く、年降水量3000㎜を超す日本屈指の多雨地域でもある。大島・徳之島が世界自然遺産に登録されたのは、この地形や気候ゆえに多様な環境が残されてきたことが1つの要因である。なお、大島を含む南西諸島の4島が世界自然遺産への登録を果たしたのは2021年のこと。日本における自然遺産の推薦地は元々5ヶ所のみで、南西諸島は最後の登録地となった。一度見送られた背景には生態系保護の不十分さがあったとされ、稀少種を脅かす野猫などの対策は現在も課題となっている。

海岸線の複雑な大島や、大島海峡（瀬戸内）を挟んで大島と向き合う加計呂麻島では、入り江の奥に孤立したそれぞれの集落が「シマ」と呼ばれ、信仰と結びついた固有の世界を形づくっている。沿岸に立神と呼ばれる小島が多数あるのは、これらの小島がシマに去来する神の依り代とされてきたからである。朗らかな琉球民謡とは対照的に奄美の島唄が物悲しいと言われるのは、こうした気候や閉鎖的な地形、琉球や薩摩の圧政に苦しんできた歴史が影響しているのかもしれない。

加計呂麻島は、映画『男はつらいよ』シリーズ最終作（1995年）の舞台となり、ロケで使われた諸鈍《しょどん》集落の「リリーの家」

❶鶏飯

❹アマミイシカワガエル

❸アマミノクロウサギ
環境省ホームページ(https://kyushu.env.go.jp/okinawa/awcc/rare-species.html)

はその後リノベーションされて宿泊施設として残っているⒷ。

郷土料理、鶏飯《けいはん》は薩摩の役人をもてなすためにつくられたのが発祥とされている❶。日中のみ営業で売切御免の店も多いが、名瀬市街には夜間営業の店もある。県下第2の繁華街・屋仁川《やんご》通りで黒糖焼酎を堪能し〆に鶏飯を食べるのも、名瀬の夜の楽しみ方である。

大島は北方と南方の動物の境界と言われる渡瀬線より南に位置し、熱帯系の動植物の多くがこの島を北限としている。エメラルドブルーの海❷には200種類以上のサンゴが生息し、サンゴ礁の分布地としての北限でもある。

2019年時点で大島の固有動植物種は861種にのぼり、日本の生物種の13%が生息すると言われる。奄美の象徴とも言える特別天然記念物・アマミノクロウサギ❸は原始的な特徴を残すノウサギの仲間で、系統的にも孤立した重要な遺存種である。日本一美しいカエルと言われるアマミイシカワガエル❹、ルリカケス❺やオオトラツグミ❻、アカヒゲといった稀少な鳥類も生息し、運が良ければ野生の個体を目撃できるかもしれない。

手つかずの自然が残るのは、奄美群島最高峰の湯湾岳Ⓒを中心とする山岳地帯である。奄美の自然を体験したければ、島下最大の亜熱帯原生林である金作原《きんさくばる》Ⓓや西表島に次ぐ規模を誇る住用《すみよう》川のマングローブ林Ⓔ❼などでエコツアーに申し込むのが良い。住用のマングローブパーク❽には世界自然遺産センターも併設され、自然学習の拠点ともなっている。

❻オオトラツグミ

❺ルリカケス

❷美しいエメラルドブルーの海（土盛海岸）

【加計呂麻島】

面積	77.25㎢
周囲	147.5km
標高（加崎岳）	326m
人口	1,080人

【奄美大島】

面積	712.36㎢
周囲	461.0km
標高（湯湾岳）	694m
人口	57,511人

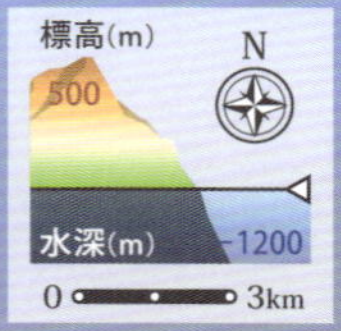

奄美大島《あまみおおしま》・加計呂麻島《かけろまじま》

❽マングローブパーク ©K.P.V.B

❷バリバリ岩

❶星野洞

南大東島《みなみだいとうじま》

大洋に孤立した唯一無二の生態系

［沖縄県南大東村］

南大東島と北大東島は肩を寄せ合う絶海の姉妹島である。フィリピン海プレートに乗って南方から３００km以上も移動してきたとされ、現在も北西方向に約７cmずつ移動している。サンゴ礁が隆起してできた世界でも珍しいお盆型の島で、一般開放されている星野洞Ⓐ❶をはじめ、地下には大規模な鍾乳洞が張り巡らされている。また、景勝「バリバリ岩」Ⓑ❷は地殻変動の影響で少しずつ開いている巨大な岩の割れ目で、壮大な地球の力を目の当たりにできる。

小笠原諸島と同様、過去に大陸と繋がったことがなく、琉球諸島とは異なる独自の生態系を育んできた。天然記念物のダイトウオオコウモリ❸や、オオアガリマイマイなど固有種も数多く、南北大東島の全域が国の鳥獣保護区に指定されている。

島の中央部には湖沼が集中している。なかでも大池Ⓒは南西諸島最大の湖で、オヒルギ❹のマングローブが汽水域ではなく淡水湖上に発達する稀少な景観が見られる。東海岸に分布するボロジノニシキソウなどの植物群落Ⓓと合わせて、こちらも国の天然記念物である。南大東の自然を最大限楽しみたければ、ネイチャーガイドに申し込んでカヤックツアーや鍾乳洞探索などに参加するとよい。

北大東島と同様に八丈島の島民によって開拓された歴史の新しい島だが、グアノの採掘で栄えた北大東に対して、南大東島はもっぱら大規模なサトウキビ作が営まれてきた。日の丸山展望台Ⓔからは北海道の景色と見紛う広大な農園を眺望できる❺。沖縄県で唯一、サトウキビを運ぶ軽便鉄道が運行された歴史もあり、過去の車両❻はふるさと文化センターⒻで展示されている。

❹オヒルギ群落
画像提供：特定非営利活動法人マングローバル

❸ダイトウオオコウモリ ©OCVB

❻2号SL

南大東島

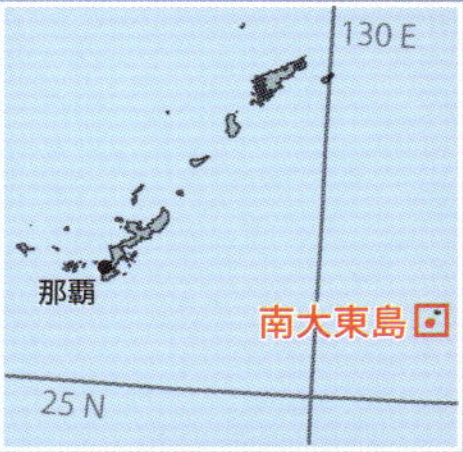

面積	30.52km²
周囲	21.2km
標高	75m
人口	1,285人

❺日の丸山展望台の眺め

西表島《いりおもてじま》

［沖縄県竹富町］

亜熱帯性気候と原始の森が育む稀少生物の楽園

❶原始の森に覆われる西表島

西表島は、八重山列島で最大の島である。台湾まで約２００km、北回帰線まで１００kmの距離にあり、夏は蒸し暑く、冬は大陸からの高気圧の影響で北東の風が強い。原始の森が今も残り❶、多様な生態系が育む美しい景観が認められ、世界自然遺産にも登録されている。島全体が起伏に富み、居住地は海岸線沿いのわずかな平地に限られている。島の最高峰である古見岳《こみだけ》Ⓐ、テドゥ山Ⓑ、御座岳Ⓒなど、第三紀中新世の堆積岩からなる４００m級の山々が連なる。東西方向に卓越する地層の固結度が弱く、侵食度合の特徴が地形にも現れている。浦内川Ⓓや仲間川Ⓔは特に規模が大きく、浦内川は沖縄県内最長である。

東シナ海を一望できる宇那利《ウナリ》崎Ⓕや星砂が採取できる星砂の浜Ⓖ❷、県内最大の落差約55mを誇るピナイサーラの滝Ⓗ❸やマリユドゥの滝Ⓘなどは観光スポットになっている。また、森林に覆われた山や川、滝、マングローブ原生林などには、国の特別天然記念物であるイリオモテヤマネコ❹などの数多くの稀少生物が生息している。

イリオモテヤマネコは文字通り西表島を代表する野生のネコ科で、独自の進化を遂げた稀少種であり、約１００頭が生息すると推定されている。１９６５年に発見された当時は、

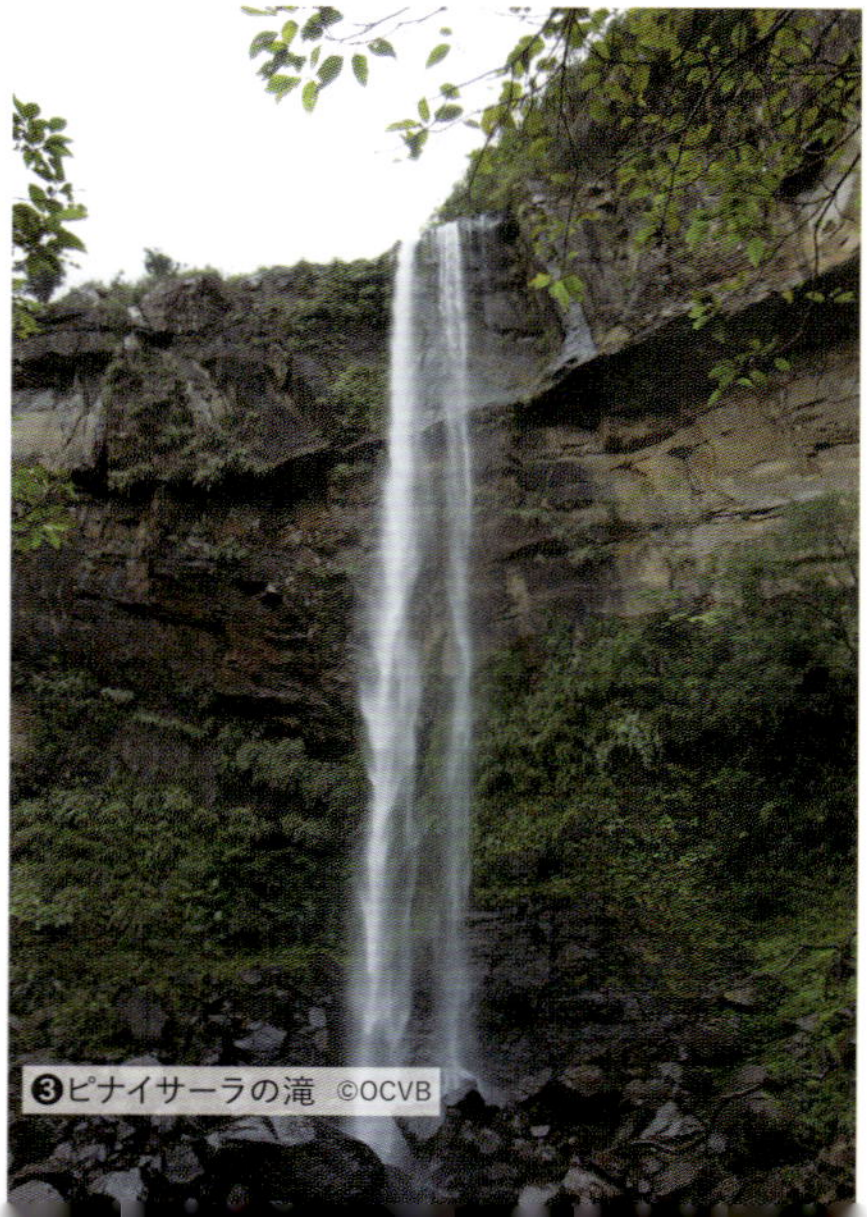

❸ピナイサーラの滝 ©OCVB

頭が大きく頭骨や犬歯が頑丈という特徴からサーベルタイガーの仲間の生き残りとも考えられたが、現在はアジアに広く分布するベンガルヤマネコの亜種とされる。氷河期に海面が低下し、大陸と陸続きになったことで祖先のヤマネコが大陸から渡ってきたが、7万〜1万年前の最終氷期の海面上昇に伴い再び大陸から切り離されたため、そのまま取り残されたと考えられている。

　このほか、絶滅危惧種で神秘的な色合いを持つ夜行性のヤシガニ❺や、干潟に生息する日本一大きなシジミのヤエヤマヒルギシジミ、干潮時に群れで移動する青色の小さなミナミコメツキガニ、夜行性で紫色をしたムラサキオカヤドカリ、湿地帯をぴょんぴょん飛び跳ねるミナミトビハゼ❻などが見られ、稀少生物の楽園と言っても過言ではない。一方海では、オレンジと白のコントラストが美しいカクレクマノミや橙色の熱帯魚アカネハナゴイなどが群れ泳ぎ、岸辺にはウミガメが産卵にやって来る。

　亜熱帯海洋性気候にある西表島には、熱帯地域に見られる植物も自生する。天然記念物に指定されているサキシマスオウノキⒿ❼は根元が平たく突き出た板根が特徴的で、マングローブ林と陸地の境界や湿地に分布している。船浦湾奥のヤシミナト川のマングローブ林内Ⓚにあるニッパヤシ❽は、東南アジアやミクロネシアなどに分布域を持つ種で、世界における北限地となっており、植物生態分布上貴重な群落である。星立天然保護区域Ⓛは島内でも特に原始の姿を留めている場所であり、天然記念物に指定され、八重山諸島にだけ生息するヤエヤマヤシの自生地もある。

❹独自の進化を遂げたイリオモテヤマネコ ©OCVB

❼古見のサキシマスオウノキ ©OCVB

❺絶滅危惧種のヤシガニ ©OCVB

❽熱帯地域に生育するニッパヤシ
画像提供：特定非営利活動法人マングローバル

西表島《いりおもてじま》

❷星砂の浜

面積	289.62㎢
周囲	174.5㎞
標高（古見岳）	470m
人口	2,253人

❻ミナミトビハゼ

屋我地島《やがじしま》

マングローブの亜熱帯ワールドを体感

［沖縄県名護市］

❺エリグロアジサシ

❶屋我地島全景（嵐山展望台より臨む）撮影：米林秀起

屋我地島は沖縄本島の北部に位置し、自然と生物に恵まれた離島である。周囲は16km、更新世の砂礫層や石灰岩などからなる丘陵地形を有するが、最高地点でも55mと比較的平坦で❶、島内には広大なサトウキビ畑が延々と広がる❷。

島には3つの橋が架けられていて、沖縄本島からクルマや徒歩で直接渡ることができる。南の屋我地大橋Ⓐは、無人島である奥武島《おう》を経由して名護市真喜屋に繋がる全長300mの橋である。島の北にある古宇利島と繋がっているのが全長1・5kmの古宇利大橋Ⓑ❸で、この橋の完成によって本島から古宇利島へ陸路で渡ることが可能になった。さらに2010年に完成した一番新しいワルミ大橋Ⓒは全長210mのアーチ橋で、西側のワルミ海峡を挟んで本島と繋がった。

この島の代名詞はなんと言ってもマングローブだろう。島の南に広がる饒《よ》平《へ》名《な》干潟Ⓓには、高さ10mを超えるオヒルギという種類のマングローブが水辺に連なっている❹。島には多くのシーカヤックツアーが用意されているので、カヌーに乗ってこの干潟を間近に味わうことができる。亜熱帯のジャングルのような沼地に林立するマングローブの薄暗い沼地から、広い海へと出た瞬間の感動は言葉に尽くせないものがある。徒歩での散策ツアーもあり、カニやハゼ、貝など干潟の生物と直に触れ合うことも可能だ。

また、バードウォッチングとしても人気のスポットで、渡り鳥の繁殖地となっている。ベニアジサシやエリグロアジサシ❺といったアジサシ類をはじめ、シギやチドリなど多くの珍しい鳥たちが大空を飛び交う姿も観察できる。

❹マングローブ 撮影：中野義勝

❸古宇利大橋 ©OCVB

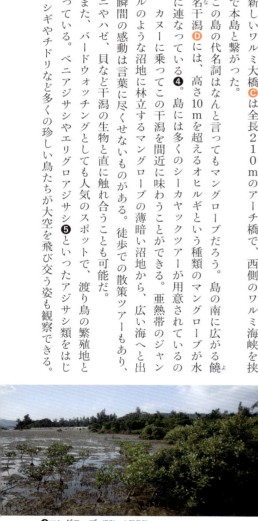

面積	7.81㎢
周囲	16.0㎞
標高	55m
人口	1,256人

❷サトウキビ畑

与那国島《よなぐにじま》

稀少生物の宝庫となった日本最西端の有人島

［沖縄県与那国町］

❹我が国最大の蛾「ヨナグニサン」

❺在来種の「ヨナグニウマ」 ©沖縄県

❸岩の大きな割れ目「クブラバリ」 ©沖縄県

与那国島は日本の最西端に位置し、西崎《いりざき》には「日本最西端の碑」があるⒶ❶。台湾とは約111㎞の距離にあり、気象条件がよければ台湾の山々を海の向こうに見ることができる。離島防衛態勢強化を目的に2016年から陸上自衛隊の駐屯地が設置され、関係者が人口の2割を占める。

全体的に山がちな地形で断崖絶壁も多く❷、東側に宇良部《うらぶ》岳Ⓑ、西側に久《く》部良《ぶら》岳Ⓒの2つのピークがある。西端にある久部良割《クブラバリ》Ⓓ❸は幅3～5m、深さ7～8mの堆積岩の割れ目で、かつて人減らしで妊婦を飛ばせたという悲話が残る。

亜熱帯気候で年平均気温は約24度と暖かく、絶海の孤島であるため、八重山諸島の固有種やこの島にしかいない稀少生物が多く存在する。ヨナグニサン（与那国蚕）❹はヤママユガ科に分類されるガの一種で、日本の昆虫の中で翅の面積が最大である。ヨナグニサンは赤褐色を呈し、前翅の先端が鎌状に曲がる特徴がある。小川に生息するアオナガイトトンボは、オスは鮮やかなコバルトブルー、メスは薄オレンジ色の体色を呈する。岩上に生えるシダ植物のウスイロホウビシダや多年草のヨナクニトキホコリは国内希少野生動植物種に指定されている。

また、ヨナグニカラスバトやキンバトなどの珍しい鳥類や動物も生息する。ヨナグニカラスバトは全長が40㎝ほどで、一般的なキジバトより大きい。そのほか、在来種のヨナグニウマ❺も120頭ほどが生息している。小型ながら力が強いため農耕に利用されていたが、温厚な性格からアニマルセラピーなどにも用いられている。

❶日本最西端の碑

❷断崖絶壁が続く海岸

面積	28.95km²
周囲	40.3km
標高（宇良部岳）	231m
人口	1,676人

❷人よりネコが多い

田代島《たしろじま》

ネコが島の守り神

［宮城県石巻市］

田代島は牡鹿半島の西部、北上川河口から南東17kmに位置する。リアス海岸に囲まれ❶、岸壁に打ち付ける白波がまるで絹を日光にさらしているように見えることから「多曝島《たざらしじま》」と名付けられたことが島名の由来とされる。

冬の寒さの厳しい東北地方だが、島周辺は暖流の影響で降雪もほとんどなく温暖な気候である。この気候は好漁場をもたらし、かつては「大謀網漁《だいぼうあみ》」と呼ばれる定置網漁を中心に沿岸・沖合漁業の島として栄えた。担い手が減少した現在は島外からも漁師が集まり、定置網漁のほか牡蠣やホヤの養殖などが行われている。

ネコの島としても知られる田代島は、島民の数よりもネコの数のほうが多いとも言われ、島内の至る所で人懐っこいネコたちと触れ合うことができる❷。

島に多くのネコが住む理由は、かつて行われていた養蚕業が関係しているとされている。養蚕では蚕を食い荒らすネズミは大敵であり、大切な蚕をネズミの被害から守ってくれるネコは島の人々から大切にされてきたという。また、かつて島内の漁師たちはその日の天候や漁の成果をネコの振る舞いから予測していたという。島にはネコを守り神として祀る猫神社Ⓐ❸や、漫画家が手掛けたネコ型のロッジ「マンガアイランド」Ⓑ❹なども存在し、ネコ好きの観光客からも人気を集めている。

❸猫神社

❶田代島のリアス海岸

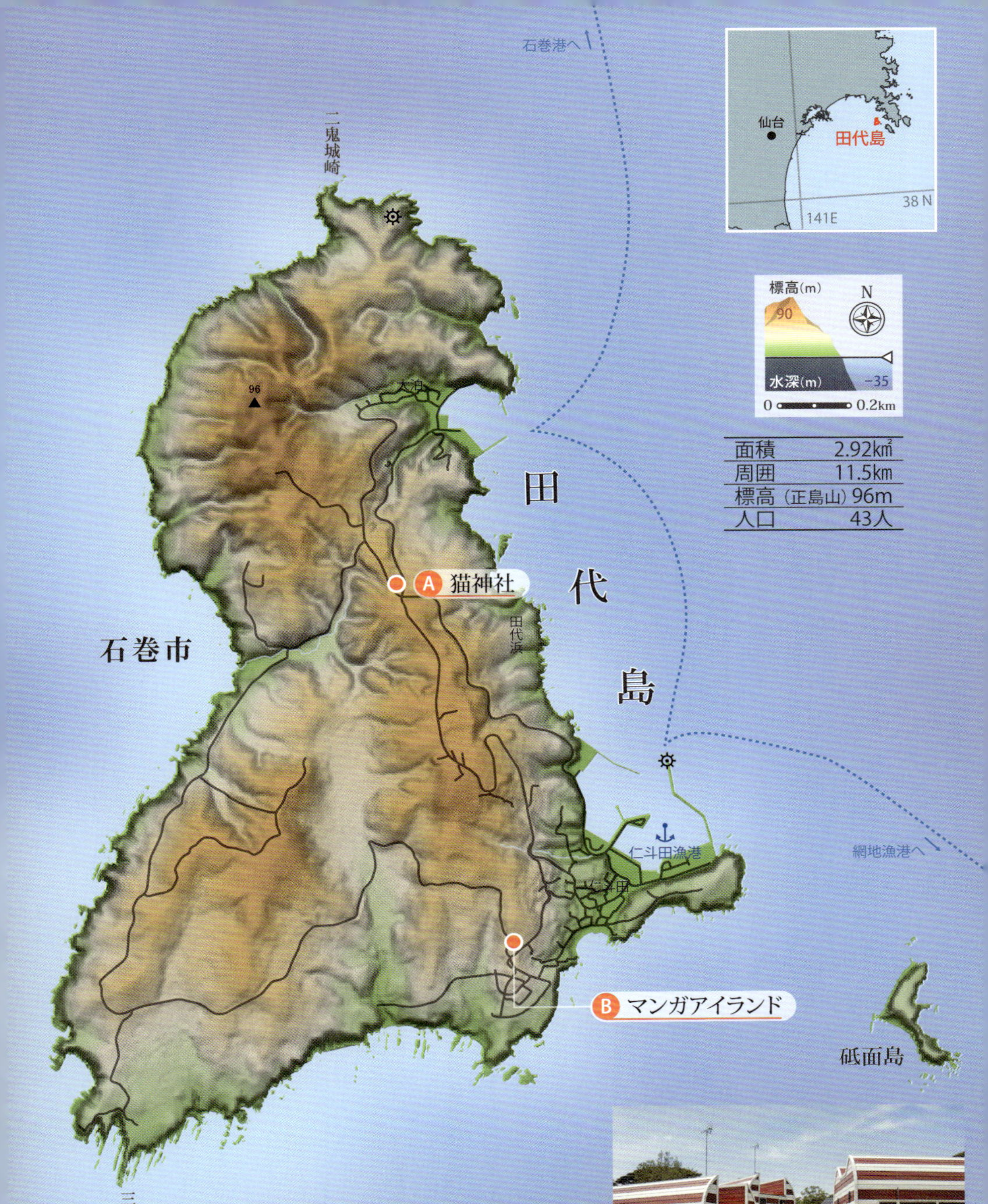

面積	2.92km²
周囲	11.5km
標高（正島山）	96m
人口	43人

❹マンガアイランドしまロッジ

❶鬼揚子

❷宇津観音堂

見島《みしま》

血統を受け継ぐ見島ウシの産地

[山口県萩市]

萩港から北北西に45km、見島は対馬海峡東端に位置する日本海の孤島で、東西南北端を島に囲まれる山口県の最北を画する。最高峰のイクラゲ山Ⓐ周辺には航空自衛隊の分屯基地が配置され、国境防衛の要を担う。長男が誕生した際に作られる「鬼揚子《おにようず》」は、無事な成長を願って正月に揚げられる島のシンボルである❶。

見島は日本海の形成期に堆積した火山噴出物の突端であり、水面下には広大な溶岩台地が沈んでいる。「下り観音」とも呼ばれる宇津《うつ》観音堂Ⓑ❷は階段を下った赤土の断崖上にあり、火山島特有の地形の複雑さを物語っている。厳しい山地に隔てられた本村《ほんむら》Ⓒ❸・宇津Ⓓの2集落には漁村特有の入り組んだ路地が見られ、背後では豊かな水源と干拓地「八町八反」Ⓔ❹を利用して稲作や野菜作も営まれる。

変化に富んだ地勢から、好漁場かつ数百種もの渡り鳥が羽を休める楽園ともなっている。バードウォッチャーや釣り人の聖地として知られているのは、日本海の島に共通する特徴である。一方、讃岐坊の釣鐘Ⓕ❺に代表される大陸との交流の痕跡や江戸時代の鯨組の活躍など、歴史的には九州北岸の島々とも通ずるものがあり、日本の島々の縮図とも言えるだろう。

和牛は室町時代に朝鮮半島から移入されたとされるが、見島ウシ❻は原種に最も近く、西洋種との交雑を経ていない稀少な在来和牛種である。「見島ウシ産地」は国の天然記念物に指定され、オランダ原産のウシと交配させた高級和牛「見蘭牛《けんらんぎゅう》」として萩市内の飲食店などで提供されている。

❸本村集落の家並み

❹八町八反(干拓で作られた広大な田園地帯)

❻見島ウシ

❺讃岐坊の釣鐘

面積	7.73km²
周囲	17.5km
標高	183m
人口	689人

❶口之島全景
海上保安庁ホームページ(https://www1.kaiho.mlit.go.jp/kaiikiDB/kaiyo32-2.htm)

口之島《くちのしま》

在来和牛が生息する火山島

［鹿児島県十島村］

鹿児島県南部の吐噶喇《とから》列島の最北、鹿児島市の南約200kmに位置する火山島❶で、島の最高峰は前岳Ⓐである。後期更新世以降に噴火を繰り返しており、中央火口丘の燃岳Ⓑ山頂からは今も噴気が上がっている❷。西之浜Ⓒと口之島Ⓓ、2つある集落と耕地は島の北部に集中し、火山の緩斜面を利用して牧場が分布している。

島は白っぽい角閃石安山岩とデイサイトからなり、海からも白く光る崖が観察できる。南部は原生林に覆われ、吐噶喇列島から南に分布する亜熱帯植物のアダンは、口之島が北限になっている。周囲の海岸は急斜面になっており、崖には固有種であるタモトユリ❸が原生している。

照葉樹主体の原生林には、在来牛「口之島牛」❹が野生状態で生息する。体格は非常に小さく、雄の成牛でも300から400kg程度で、黒毛のほか、褐色や白斑など多様な毛色が見られる。肩が高く尻が低い「ライオン型」と呼ばれる体型が特徴で、世界的にも貴重な集団である。現在、日本に生育している西洋種の影響を受けていない在来和牛は、山口県の見島に生息する「見島牛」とこの「口之島牛」の2種のみとされる。

口之島牛は、1918年〜1919年に吐噶喇列島の諏訪之瀬島から導入された数頭の牛の子孫で、急峻な島の地形のため、放牧地への管理が行き届かず、島南部の原生林内で再野生化した。島内の推定生息数は、約60頭(2023年現在)と考えられている。

❹野生状態で生息する口之島牛 提供：十島村

❸崖に原生するタモトユリ 提供：十島村

面積	13.33km²
周囲	13.3km
標高（前岳）	628m
人口	103人

❷噴気を上げる燃岳山頂
撮影：中野俊（産総研地質調査総合センター）

❺サトウキビ畑

❻熱気溢れる闘牛の大会　写真協力：公益社団法人 鹿児島県観光連盟

徳之島《とくのしま》

穏やかな気候が育む子宝と闘牛の島

［鹿児島県徳之島町・天城町・伊仙町］

奄美群島の中央に位置する徳之島は「長寿の島」として知られる。一時期は本島の出身者がギネスブックに最高齢として登録されていた(いずれも現在は記録抹消)こともあり、人口比率でも長寿者が多い。ただし、市町村別の平均寿命は全国平均とほぼ同等であり、名実ともに「長寿の島」を目指そうという気運が生まれている。

一方、合計特殊出生率では2024年5月時点で徳之島町が全国1位、天城町が2位であり、「子宝の島」でもある。住民同士がゆるく繋がり地域で子を育てるという風習や、充実した総合病院の存在、自治体の子育て支援策、過ごしやすい亜熱帯性の気候など、様々な要素が重なった結果と言われている。

島自体は北部が花崗岩類、南部が石灰岩質の堆積岩を主体として比較的なだらかな地形を持ち、最高峰は井之川岳(645m)Ⓐである。沿岸域にはムシロ瀬Ⓑ❶や犬の門蓋《いんのじょうふた》Ⓒ❷、犬田布岬《いぬたぶ》Ⓓ❸など奇岩や断崖が点在する一方で、珊瑚礁に囲まれた遠浅のビーチも多い❹。

主要な産業はサトウキビやジャガイモ、果樹などの農業と、近海漁業、黒糖を原料とした菓子や焼酎製造で、サトウキビの生産量は単一の島としては日本一を誇る❺。

闘牛も盛んで、その歴史は古く500年続く伝統文化と言われている。島内各所にある闘牛場で年間20回以上の大会が開催され、なかでも年3回、各場所Ⓔ～Ⓙで行われる「全島大会」は島内外から多くの観客が集まる。体重1トンクラスの闘牛同士がぶつかりあうさまは非常に迫力があり、会場内が熱気に包み込まれる❻。

❷犬の門蓋

❶ムシロ瀬

面積	247.85km²
周囲	89.2km
標高（井之川岳）	645m
人口	21,803人

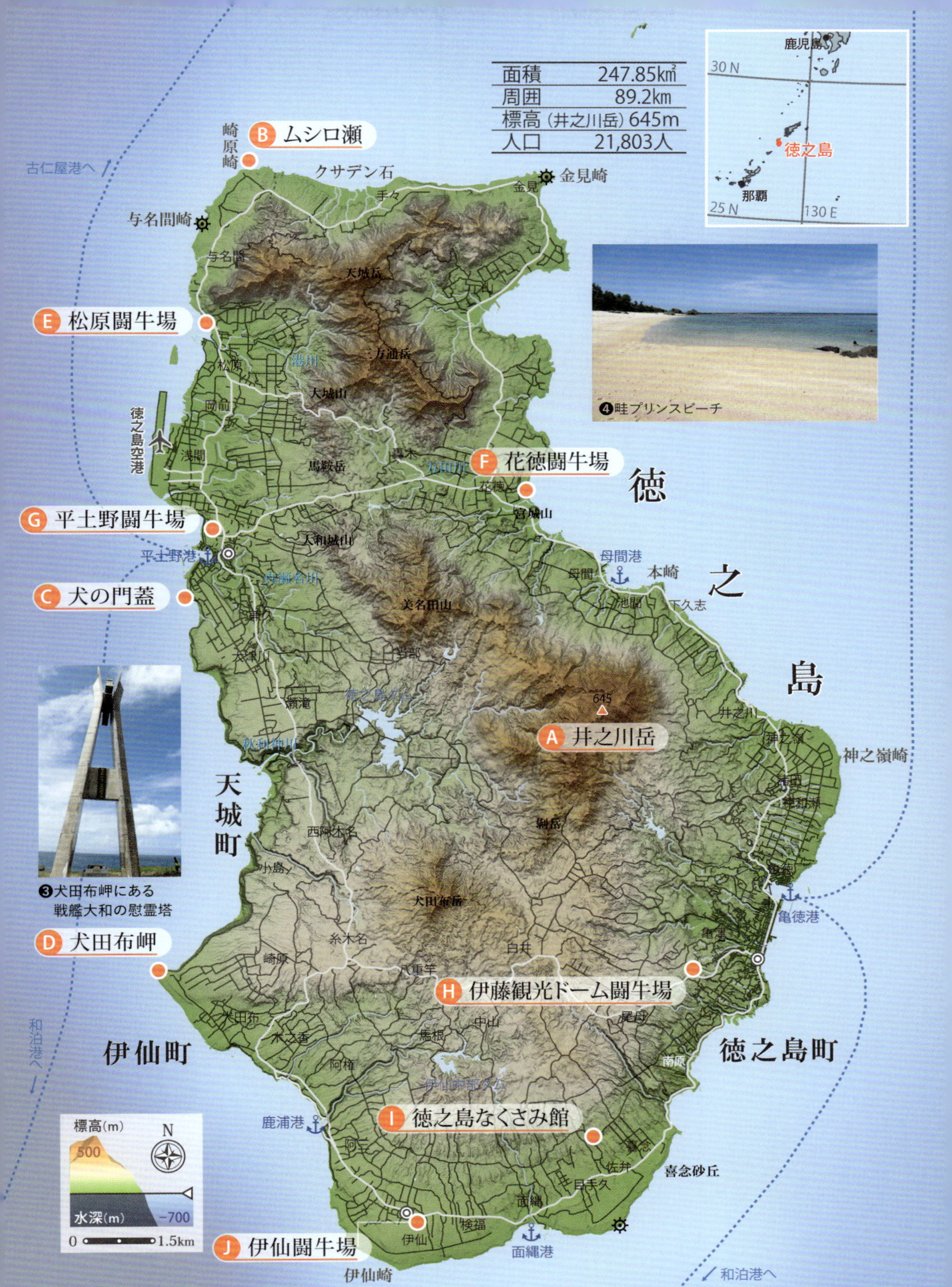

❹畦プリンスビーチ

❸犬田布岬にある
戦艦大和の慰霊塔

Column 1 島の数のナゾ

「島の数はどのくらいか？」という問いは、島の定義と切っても切れない関係にある。世国連海洋法条約*1では「自然に形成された陸地であって、水に囲まれ、高潮時においても水面上にあるもの」と定義しているが、必ずしも絶対的なものではなく、ほかにも様々な基準や考え方が存在する。

我が国では海上保安庁が1987年に発表した『海上保安の現況』において島の数を6852とし、以後この数値が公式な総数とされてきた。その後2023年に国土地理院が、離島振興法などの法令に指定されている島と、精密な基本図データを用いて計測した周長100 m以上の自然島の数を合わせ、14125島と発表した*2。この定義に則れば、江ノ島（神奈川県藤沢市）❶は7つの島から構成されることになる（図1）。一方、島嶼研究の第一人者である長嶋俊介氏は、国境の島や地理院地図に所載の島等を含めて独自に調査し、島の数を15528以上としている*3。これらには湖沼や河川の島々は含まれていない。

本来の辞書的な意味では四方を水に囲まれた陸地はすべて「島」であり、実際、河川の中洲や人工島なども「島」と呼ぶ。神島《こうのしま》（岡山県笠岡市）や桜島のように、埋め立てや自然の作用で地続きとなってもそのまま地名は「〇〇島」とされている場合もある。日本離島センター刊行の『SHIMADAS』（2019年版）では、湖上島や本土と地続きとなった島なども含めて1700あまりの主要な島々を取り上げている。

このように「島の数はどのくらいか？」に対し、明確に答えることは意外に難しい。こうした定義自体の多義性も、離島のおもしろさの1つと言えるのではなかろうか。

❶ 江ノ島の空撮画像

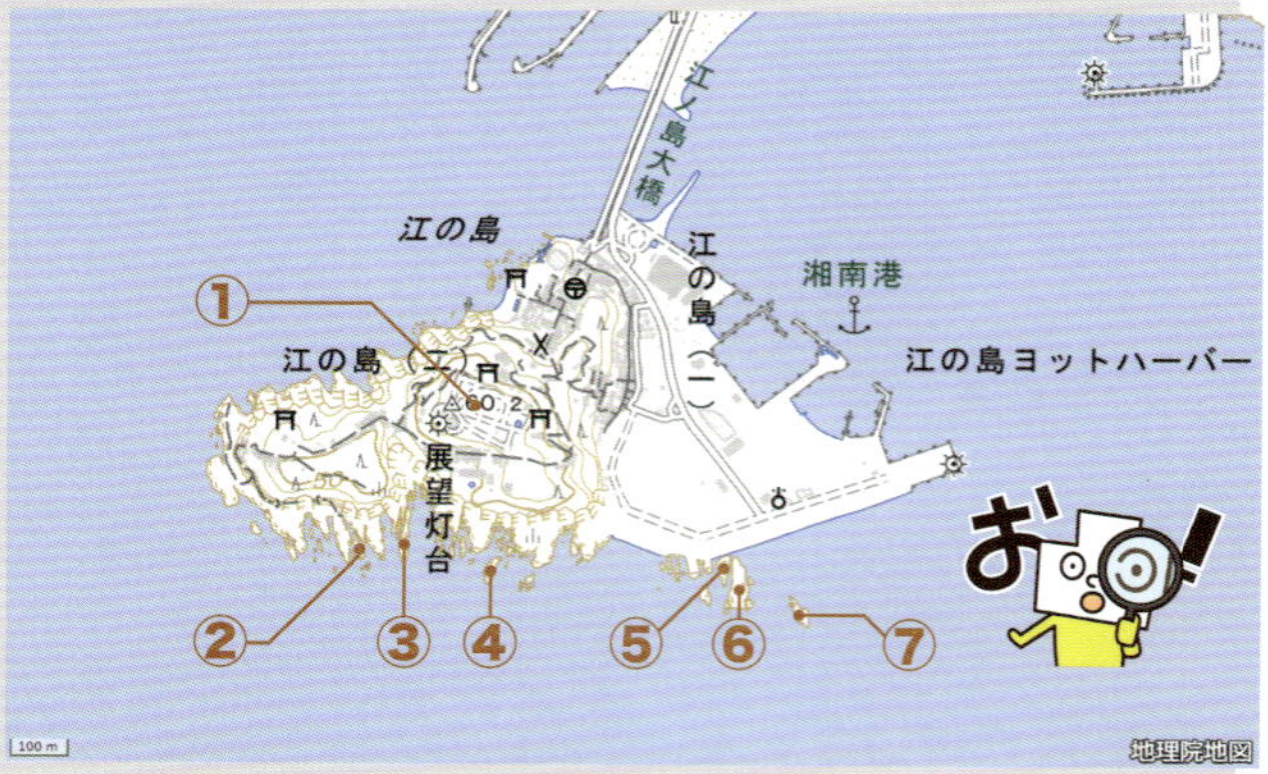

図1 江ノ島は7つの“島”からなる（神奈川県藤沢市）
（国土地理院・地理院地図）※「地図表現の詳細化による計数の影響」を参考に作成

*1 https://www.mofa.go.jp/mofaj/gaiko/kaiyo/law.html
*2 https://www.gsi.go.jp/kihonjohochousa/islands_index.html
*3 https://ritokei.com/voice/27089

第4章

島を味わう 食文化

［母島］ウミガメ料理（刺身）
©小笠原村観光局

［小豆島］製麺所における天日干し風景
提供：（公社）香川県観光協会

❶体が芯から温まる三平汁

❷近年知名度を上げる奥尻ワイン専用のブドウ畑

奥尻島《おくしりとう》

震災を乗り越えたワインの島

[北海道奥尻町]

奥尻島は渡島半島より約18kmの西方沖に位置する。かつて島民の多くは漁業を生業とし、現在は入り組んだ海岸の地形を生かしたウニやアワビの漁が盛んである。島の最高峰である神威《かむい》山(584m)Ⓐは登山を楽しむこともできるが、山頂付近は北の空を監視する航空自衛隊のレーダーサイトとなっており、立ち入りが禁止されている。

道内全域で冬の定番メニューとして親しまれる「三平汁」❶。塩引きの魚と野菜を煮込み、海と山の恵みを一度に楽しめるこの料理は、江戸時代に奥尻島民の三平という人物が考案したという説がある。当時はニシンやサケが主流であったが、現在はホッケやタラがよく用いられる。島内には「奥尻島元祖三平汁研究会」も発足しており、さんぺいさんというイメージキャラクターも活躍している。

島内西側の日本海を望む高台にはワイナリーがあり、ブドウ畑が広がっている❷。1991年に島内に自生する山ブドウの苗木をワイン専用品種にすべく栽培が開始され、2008年には島内にワインの製造工場が創業した。潮風を浴びて育つミネラル分豊富なブドウは、ワインに独特の香りと味をもたらす。島国の寒冷地という珍しい環境でつくられる奥尻ワインは、その独特な味が人気を呼び国内外で売り上げを伸ばしているⒷ。

1993年7月に発生した北海道南西沖地震(M7・8)の際には、震度6(推定)の揺れと遡上高29mに及んだ津波、深夜に発生した火災により甚大な被害を受けた。玄関口となる奥尻港の南にある島のシンボル「鍋釣岩《なべつるいわ》」Ⓒ❸も一部が崩落し、以前は干潮時に陸続きだったが、地盤沈下で渡れなくなった。これらの被害を受け、島内には津波対策として津波水門や防波堤、人工地盤が建てられ、地震発生から5年後の1998年3月に完全復興宣言が行われた。鍋釣岩も修復工事で補強され、以前のような形を留めている。被害が特に大きかった青苗地区には「奥尻津波館」Ⓓ❹が開館し、震災の被害と復興までの軌跡を後世に伝える役割を担っている。

❸震災後の復興を見守る鍋釣岩

面積	142.97km²
周囲	68.0km
標高（神威山）	584m
人口	2,410人

❹津波の被害を今に伝える奥尻津波館

母島《ははじま》

固有生態系の保護と伝統的な食文化の両立へ

[東京都小笠原村]

❶母島全景 ©小笠原村観光局

母島は、小笠原の玄関口である父島からさらに50kmほど南にあり、北北西—南南東に細く伸びる島である。小笠原群島の最高峰、乳房山(463m)Ⓐをはじめ、北端から南端まで200〜300m程度の山が連なる❶。

険しい地形と周囲の暖かい海水の影響により海霧に包まれやすく、この気候が父島とも異なる特有の自然を形成し、2011年、世界自然遺産に登録された。特に乳房山の北側にある石門《せきもん》の小起伏面Ⓑ❷は石灰岩がつくるカルスト台地で、母島のみの貴重な固有種が多数生息するため、認定ガイドなしでは訪れることはできないエリアとなっている❸。

海に目を向ければ、島の周りはクジラやイルカ、ウミガメ、海鳥❹など海の動物たちが生息し、ダイビングはもちろん遊覧船のツアーも人気のアクティビティである。日本最大のアオウミガメの繁殖地としても知られており、脇浜なぎさ公園Ⓒでは運がよければ5月から8月にかけて産卵のために上陸する母ガメや孵化した子ガメの姿が見られる❺。

一方、物流が限られていた時代、ウミガメは島の人々にとって貴重なタンパク源でもあった。現在でも年間捕獲数を限定してウミガメ漁が行われ、その肉を使った煮込みや寿司はハレの日には欠かせない料理である❻。乱獲により一時は絶滅も危惧されたウミガメの保護活動が積極的に行われているが、それは単に生態系を守る活動に留まらず、島の伝統的な食文化の継承との両立を目指した取り組みなのである。

❹海鳥(アカアシカツオドリ)

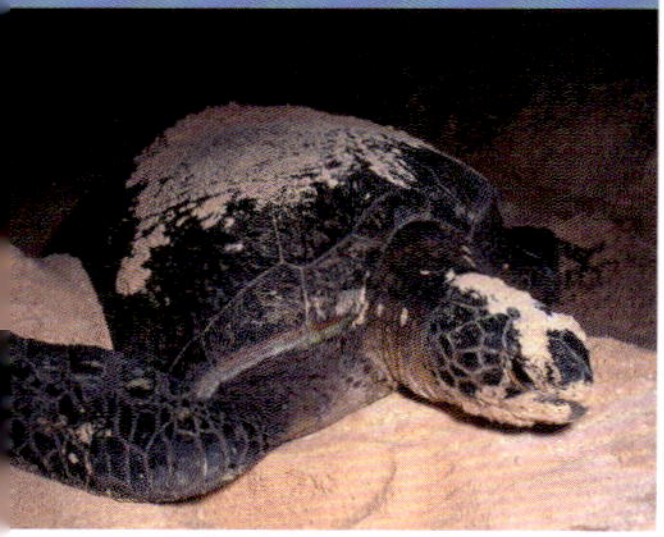

❺産卵のために上陸したウミガメ ©小笠原村観光局

❷石門のカルスト台地 ©小笠原村観光局

❸石門入口 ©小笠原村観光局

❻ウミガメ料理（刺身）
©小笠原村観光局

面積	19.88㎢
周囲	58.0km
標高	（乳房山）463m
人口	447人

小豆島《しょうどしま》

瀬戸内の穏やかな気候が育んだ特産物
［香川県小豆島町・土庄町］

❷道の駅「小豆島オリーブ公園」のギリシア風車

❸醤の郷には醤油メーカーが立ち並ぶ
提供：(公社)香川県観光協会

香川県最大の島、小豆島は瀬戸内海において淡路島に次いで2番目の広さを持つ。温暖少雨の穏やかな瀬戸内海型気候で、オリーブの島としても知られる。

オリーブの栽培が始まったのは１９０８年、当時の農商務省の指定を受けてから。地元農家の努力によって栽培面積は拡大、１００年以上を経た今では上質なオイルや化粧品など様々な形で製品化され、代名詞的な農産品となった❶。道の駅「小豆島オリーブ公園」Ⓐ❷ではオリーブ栽培園や発祥の地碑、歴史資料、オリーブ料理のレストランなど、その全てを知ることができる。

南東部の「醤《ひしお》の郷《さと》」と呼ばれるエリアⒷでは４００年の歴史を持つ醤油産業が盛んである。原料の塩が豊富で、醤油づくりに向いた温暖な気候、海運が発達して出荷しやすいなど、好条件が重なって発展した。現在でも多数の醤油メーカーが存在し❸、通りを歩くとほんのりと醤の香りを感じられる。

醤油とほぼ同じ４００年の歴史を持つのが手延べ素麺である。村民がお伊勢参りの途中に三輪(奈良県)で覚えた製造技術を島に持ち帰ったのが始まりとされ、厳選された小麦、瀬戸内海の塩、島特産のごま油を使い、寒季に天日干しする伝統製法の素麺は弾力性が特徴で、讃岐うどんの祖先とも言われる❹。池田港界隈には製麺所が集中しておりⒸ、巷にはあまり出回らない生素麺も味わえる。

そのほか、日本三大奇景の１つ寒霞渓《かんかけい》Ⓓ❺、映画『二十四の瞳』のロケ地Ⓔ、陸繋砂州(トンボロ)であるエンジェルロードⒻ❻、路地が入り組んだ「迷路のまち」Ⓖ❼など見どころは多く、何度も訪れたくなる島である。

❶島を代表する農産物オリーブの実
提供：(公社)香川県観光協会

❻干潮時に現れるエンジェルロード

❼路地が入り組む「迷路のまち」
提供：（公社）香川県観光協会

❺ロープウェイから見る寒霞渓の眺め

❹製麺所における天日干し風景
提供：（公社）香川県観光協会

面積	153.25km²
周囲	—
標高（星ヶ城山）	816m
人口	25,881人

久米島《くめじま》

澄んだ水が育む名産品の数々

［沖縄県久米島町］

❷奥武島の畳　©OCVB

❶久米島北部の山体

沖縄本島から西へ約１００km、東シナ海に浮かぶ久米島は約６００万～３５０万年前の火山性の岩石を主体とし、他の沖縄地方の島々とは異質とされる❶。その代表的な場所が海中道路で繋がっている奥武島の畳石Ⓐ❷である。甲羅のような六角形模様が特徴で、溶岩が冷え固まるときにできる柱状節理の上面にあたり、２０１４年、天然記念物に指定された。その東にオーハ島、さらにその先には東洋一美しい砂州と言われるハテの浜Ⓑ❸がある。北部海岸には高さ40ｍの立神《タチジャミ》という奇岩があるが、これは上昇したマグマが冷えて固まり、周辺の地層が侵食され板状の岩脈だけが残ったものであるⒸ❹。

島の北部にある宇江城岳《うえぐすくだけ》が最高峰（３１０ｍ）Ⓓ❺で豊富な水系を持つ。島内には湧水も多く、そのうちの１つである堂井《ドーガー》Ⓔ❻は、泡盛の代表格「久米島の久米仙」の水源としても利用されている。

海産物として、車海老と海ぶどうの生産量はいずれも日本一を誇る。海底から組み上げられたミネラル豊富な海洋深層水で育てられた高品質な車海老はブランド品として名高く❼、なかでも「やわら」という脱皮したての海老は殻ごと食べられる貴重品である。海ぶどうも同じく海洋深層水で育成され、養殖場Ⓕでは摘み取り体験も可能である。

なお、島西部西銘のサトウキビ畑にある痛恨之碑Ⓖ❽をはじめとして、島内には戦争の傷跡を今に伝える石碑がひっそりと残されている。島が抱える重く悲しい史実にも目を背けず、光と影の両面を正しく理解することも重要だろう。

❻堂井　一般社団法人久米島町観光協会

❹巨大な奇岩「立神」

❺宇江城岳露頭

沖縄県立美術館・博物館所蔵

❼車海老　一般社団法人久米島町観光協会

❽痛恨之碑　一般社団法人久米島町観光協会

❸ハテの浜　© OCVB

面積	59.53km²
周囲	53.3km
標高（宇江城岳）	310m
人口	7,155人

❸島のシンボル 猿岩

❹壱岐牛 ©長崎県観光連盟

壱岐島《いきのしま》

溶岩台地が作り出す幻の銘牛と麦焼酎

［長崎県壱岐市］

壱岐島は、博多から約70㎞の玄界灘に浮かぶ壱岐地域最大の島である。古代から日本と朝鮮半島や中国大陸を結ぶ交流・交易の海上の拠点として栄え、島内には神社、古墳や原《はる》の辻《つじ》遺跡Ⓐ❶など歴史的な痕跡が多く残る。

約７００万年前～約70万年前に噴出した玄武岩質溶岩が積み重なる台地からなり❷、西側には玄武岩の海食崖の一部である「猿岩」Ⓑ❸があり、島のシンボルとなっている。全体的になだらかな地形で水田や畑が多く、年間９００頭ほどしか出荷されない幻の銘牛である壱岐牛❹も飼育されている。柔らかくて脂身の甘みが特徴で、ステーキや焼き肉、ハンバーガーなどに重用される。

島で採れる大麦と米麹からつくられる壱岐焼酎❺は、香ばしい香りと甘く厚みのある味わいが特長の麦焼酎で、壱岐が麦焼酎発祥の地とされている。壱岐焼酎を生産する７つの蔵元はすべて壱岐島にあり、玄武岩層で長い年月をかけて濾過されたミネラル分の豊富な地下水が酒造りを支えている。

同じく壱岐島が発祥の地とされるものに、早春に初めて吹く強風を指す「春一番」がある。１８５９年、多数の漁船が出漁したところ、黒雲が湧き上がるのを見つけて逃げようとしたものの、強い南風を受けて転覆してしまい、大勢の漁師が遭難するという事故があった。これ以降、春先に発生する突風を伴う南風を「春一」もしくは「春一番」と呼ぶようになったという。１９８７年、元居公園に供養のため「春一番の塔」Ⓒ❻が建立された。

また、島の東部・八幡地区Ⓓでは、ウェットスーツの代わりにレオタードを着用する「レオタード漁」と呼ばれる海女漁が行われている。

❷玄武岩質溶岩が積み重なる台地
©長崎県観光連盟

❶原の辻遺跡 ©長崎県観光連盟

❺壱岐焼酎 ©長崎県観光連盟

❻春一番の塔 ©長崎県観光連盟

面積	134.63㎢
周囲	175.9km
標高（岳ノ辻）	213m
人口	24,678人

伊吹島《いぶきじま》

讃岐うどんを陰から支える「いりこ」漁

〔香川県観音寺市〕

伊吹島は、観音寺市西方約10kmに浮かぶハート型の島である❶。浅海で噴出した安山岩を主体とし、断崖に囲まれる台地状であり、集落は海から急坂を登った中央付近の鞍部に広がるⒶ❷。

沖で獲れたカタクチイワシの煮干し「伊吹いりこ」❸の産地であり、網元が漁獲から加工までを一貫して手がけているため、いりこ工場が海沿いをぐるりと囲むⒷ❹。その歴史は古く、明治時代前期には10軒ほどの製造業者があったとされる。

出荷されたいりこは県内各地でつゆの出汁に使われ、讃岐うどんには欠かせない存在である❺。

なお、伊吹島の方言は平安時代の京都のアクセントを残しているという説があり、言語学者の金田一晴彦もこの地を訪れた。

❸水揚げされたいりこ
提供：観音寺市商工観光課

❶伊吹島全景

❹海岸沿いにあるいりこ加工場

❺いりこと讃岐うどん

❷伊吹島の集落

面積	1.01km²
周囲	6.2km
標高	122m
人口	323人

第5章

暮らしと風土

島を歩く

［沖の島］母島集落

［竹富島］古い沖縄の景観を保つ赤瓦屋根の集落
©沖縄県

❶城山からの眺望　提供：三豊市観光交流局

❷粟島海洋記念館
提供：三豊市観光交流局

粟島・志々島《あわしま・ししじま》

アートと花の島から望む瀬戸内の絶景

［香川県三豊市］

塩飽《しわく》諸島で最も南西に位置するのが粟島と志々島である。

ドローンのような独特な形状をしているのが粟島で、最高峰の城山《じょうのやま》Ⓐ❶を筆頭に、阿島山《あしまやま》Ⓑ、紫谷山《しきやさん》Ⓒと3つのピークがあり、それぞれが砂州で繋がる。いずれも深成岩からなり、城山の山頂からは四国だけでなく本州も一望できる。江戸時代には北前船の寄港地として栄え、明治時代には国立海員養成学校が設立された。現在は粟島海洋記念館Ⓓ❷として保存され、淡いグリーンの校舎はフォトスポットになっている。

粟島は、アートの島というもう一つの顔も持つ。3年に一度開催される瀬戸内国際芸術祭の会場になっており、各所に芸術作品が点在している。その一つ『漂流郵便局』Ⓔ❸は、築50年の郵便局を使ったアートプロジェクトであり、届け先の分からない手紙を受け付ける郵便局で、全国から届く差出人の思いが綴られた手紙が展示されている。

志々島はかつて漁業や花卉《かき》業で栄え「花の島」とも呼ばれ、最盛期の島民は1000人超であったが、過疎化とともに衰退してしまい、現在の人口はわずか20名弱である。横尾《よこぼ》の辻Ⓕの登山道の脇道には樹齢1200年と言われる大楠❹があり、島のシンボルとなっている。直径4・5mの太い幹と、そこから伸びる何本もの枝は大迫力だ。この大楠の西側には楠の倉展望台Ⓖがあり、瀬戸内海を一望できる。

近年は「花の島」を復活させようという活動も始まり、「天空の花畑」Ⓗ❺をはじめ少しずつ花畑が増えている。

❺天空の花畑　提供：三豊市観光交流局

❹樹齢1200年の大楠　提供：三豊市観光交流局

❸『漂流郵便局』 提供：三豊市観光交流局

【粟島】

面積	3.67km²
周囲	17.4km
標高 (城山)	222m
人口	154人

【志々島】

面積	0.74km²
周囲	3.8km
標高 (横尾の辻)	109m
人口	19人

つわじじま・ぬわじま・ふたがみじま

津和地島・怒和島・二神島

ミカンの花咲く清閑なる島々

［愛媛県松山市］

❶ミカン畑からの眺め（怒和島）　提供：松山市

津和地島、怒和島、二神島は、愛媛県松山市の北西に連なる忽《くつ》那《な》諸島の島々である。隣り合う津和地島と怒和島は、兄弟のようによく似た形をしている。怒和島の南約3kmにある東西方向に細長い島が二神島である。島々を隔てる海峡は水深が深く潮流も速いため、瀬戸内屈指の漁場であると共に、古くから瀬戸内航路の要衝でもある。

いずれの島でも、海に迫る急斜面には段々畑が広がり、柑橘類の栽培が盛んである。段々畑に沿った道には、春には柑橘の小さな白い花が咲き乱れ、初冬には艶やかな橙色が彩るⒶ❶。津和島や怒和島では、タマネギ栽培も有名だ。潮風に撫でられたタマネギは一層甘くなると言われ、海沿いを歩けば、タマネギを干している様子が見られることもある❷。また、忽那諸島西縁の津和地島には古くからの独自の文化や建物がそのまま残っており、集落の裏通りはまるで昭和時代にタイムスリップしたような景観が広がるⒷ。

二神島の名は、円錐形の2つ並んだ山を神格化したものとされ、中世この島から勢力を伸ばした二神氏の累代の墓Ⓒが残る。1972年にナショナル・ジオグラフィックで「近代化されず、日本古来の美しさを残したパラダイスの島」として特集され、世界から注目を集めた。それから半世紀あまりが経っても、人口120名ほどの島では変わらず静かな暮らしが続いている❸。

❸二神の集落　提供：松山市

❷タマネギ栽培の様子（津和地島）　提供：松山市

【津和地島】

面積	2.85km²
周囲	10.4km
標高（旗山）	163m
人口	225人

【怒和島】

面積	4.75km²
周囲	14.7km
標高	206m
人口	278人

【二神島】

面積	2.13km²
周囲	8.9km
標高（米山）	184m
人口	85人

沖の島《おきのしま》

❶弘瀬集落

❷石垣
（一社）宿毛市観光協会提供

黒潮の通り道に浮かぶ石垣と石段の島

［高知県宿毛市］

沖の島は、足摺岬から西方40kmに浮かぶ離島である。母島《もしま》Ⓐと弘瀬Ⓑ❶という２つの集落があるが、実はこの２つはかつて別々の国であった。母島のある北側は伊予国、弘瀬のある南側は土佐国の領地で、高知県に統合されたのは明治に入った１８７６年になってからである。小さな島に「国境」が存在したという珍しい例であり、現在もそれぞれ独自の文化を有する。

沖の島は主に花崗閃緑岩からなり、平地よりも急斜面が多く、石垣や石段が数多くつくられている❷。この景観は国土交通省から「石垣・石段とともにある暮らし」として「島の宝１００景」に選出された。民家は塩害対策のために色とりどりに塗られていて、景観の魅力をより一層引き立てている❸。

周囲は断崖絶壁で、母島と弘瀬の中間に位置する七ツ洞Ⓒ❹は、文字通り７つの洞窟と奇岩の景勝地である。太平洋の荒波が長い年月をかけてつくりあげた絶景は船から観察できるだけでなく、シーカヤックで洞穴の中に入ることもできる。島の最高峰である妹背《いもせ》山Ⓓは、登山道も整備されているため１時間ほどで登頂可能で、展望台からは雄大な太平洋を満喫できる。

黒潮の通り道に位置しているため千種以上の魚に恵まれ、多くの釣り人が訪れる釣りの聖地でもある。また、近年はマリンスポーツのメッカとしても人気が高く、透明度の高い海中では熱帯魚やサンゴが見られ❺、運が良ければウミガメなど珍しい生物とも出会える。四国で最も早く海開きされるのもこの島である。

❹七ツ洞　（一社）宿毛市観光協会提供

❸母島集落

❺サンゴ　(一社)宿毛市観光協会提供

面積	10.00㎢
周囲	20.0km
標高(妹背山)	404m
人口	119人

竹富島《たけとみじま》

白い街路と赤瓦屋根の集落

［沖縄県竹富町］

❸赤瓦屋根の集落 ©沖縄県

竹富島は石垣島の南6kmに位置する隆起サンゴ礁の島で、最高地点は21mほどである。固い岩盤と琉球石灰岩で覆われ、島の周りを囲む砂浜は、石灰岩が砕けた砂や礫、星砂などのサンゴ礁堆積物からなる。西海岸には唯一の海水浴場コンドイ浜Ⓐ❶や星砂で有名なカイジ浜Ⓑ❷があり、西表石垣国立公園の第2種特別地域に指定されている。

東集落Ⓒ、西集落Ⓓ、仲筋《なーじ》集落Ⓔの3つの集落があり、それぞれ木造赤瓦屋根の民家が並び、沖縄地方の農村集落の景観を再現している❸。沖縄地方の在来瓦が赤いのは、地元産の粘土を焼成すると赤くなるためで、断熱性があり当地の気候にも合っていることから、明治以降、茅葺き屋根から瓦を乗せるようになったと言われている。集落内の白砂の小道にはサンゴ石灰岩の石垣が巡り、ブーゲンビリアなどの原色の花々に彩られ、フクギなどの屋敷林に囲まれた敷地には、屋根に魔除けのシーサーを構えた家屋が建つ。これらの町並みは、１９８７年に国の重要伝統的建造物群保存地区に選定された。

平坦な地形ゆえ徒歩でも散策できるが、各所を巡るならば港からレンタサイクルを利用するのがよい。また、水牛車に乗ってのんびり集落を回るのもおすすめである❹。ゆったりとしたスピードに身を委ねれば、時間の流れと融け合うような感覚を味わえる。

なお、島内の主要産業は観光業だが、近年はオーバーツーリズムが問題になりつつある。これを受け行政側は「責任ある観光」を掲げた基本計画を策定、観光振興と自然環境や伝統文化の保全継承の両立を進めている。

❶海水浴場のコンドイ浜 ©沖縄県

❹水牛車

❷星砂で有名なカイジ浜 ©沖縄県

竹富島
竹富町
竹富東港
石垣港へ
A コンドイ浜
B カイジ浜
C 東集落(東屋敷)
D 西集落(西屋敷)
E 仲筋集落
コンドイ岬
西屋敷
東屋敷
竹富
仲筋
21
台湾
竹富島
那覇
125 E
25 N
面積 5.43㎢
周囲 12.1㎞
標高 21m
人口 341人
標高(m)
20
水深(m)
−20
N
0 0.2km

小呂島《おろのしま》

❶ひょうたん型が特徴的な島

エメラルドグリーンの玄界灘に浮かぶひょうたん島

［福岡県福岡市］

玄界灘に浮かぶ玄武岩の断崖絶壁に囲まれた孤島が小呂島である。福岡県の有人島としては最も遠くに位置する島で、島の形はひょうたん型をしている❶。ひょうたんの底にあたる南側に港と集落があり、ここに公共施設や民家が集中しているⒶ。北部には昭和初期に築かれた砲台跡Ⓑや火薬庫が今もひっそりと残る。

豊富な水産資源に恵まれ、島民のほとんどが漁業に携わっている。気候は対馬暖流の影響で年間を通じて温暖で、集落付近の七社《しちしゃ》神社❷や最高峰の嶽宮《たけみや》神社Ⓒには沖ノ島に次ぐ日本北限のビロウや照葉樹林の群落がある。

アクセスは、福岡市西区の姪浜《めいのはま》渡船場から高速船が約40kmを65分で結ぶ。

❷七社神社

面積	0.43㎢
周囲	3.3km
標高	109m
人口	158人

保戸島《ほとじま》

地中海の漁港を連想させるマグロ漁の基地

［大分県津久見市］

❷日本一狭い県道

❶漁港から眺めた町全体の風景

保戸島は、大分県津久見市の沖に位置する「マグロの島」である。明治期から続く遠洋マグロ漁の基地があり、最盛期には150隻以上の延縄漁船が所属して栄華を極めたという。

港の背後には、急斜面に張り付くように住宅が立ち並び、その景観は地中海の漁港を連想させるⒶ❶。中を歩けば迷路のような路地や階段、日本一狭い県道など、フォトジェニックな風景が点在する❷。こうした景観が評価され、保戸島集落は「未来に残したい漁業漁村の歴史文化財産百選」に選ばれている。

大分の郷土料理の「ひゅうが丼」は漁師のまかない飯だったマグロの漬け丼で、保戸島発祥のグルメだ❸。

❸ひゅうが丼

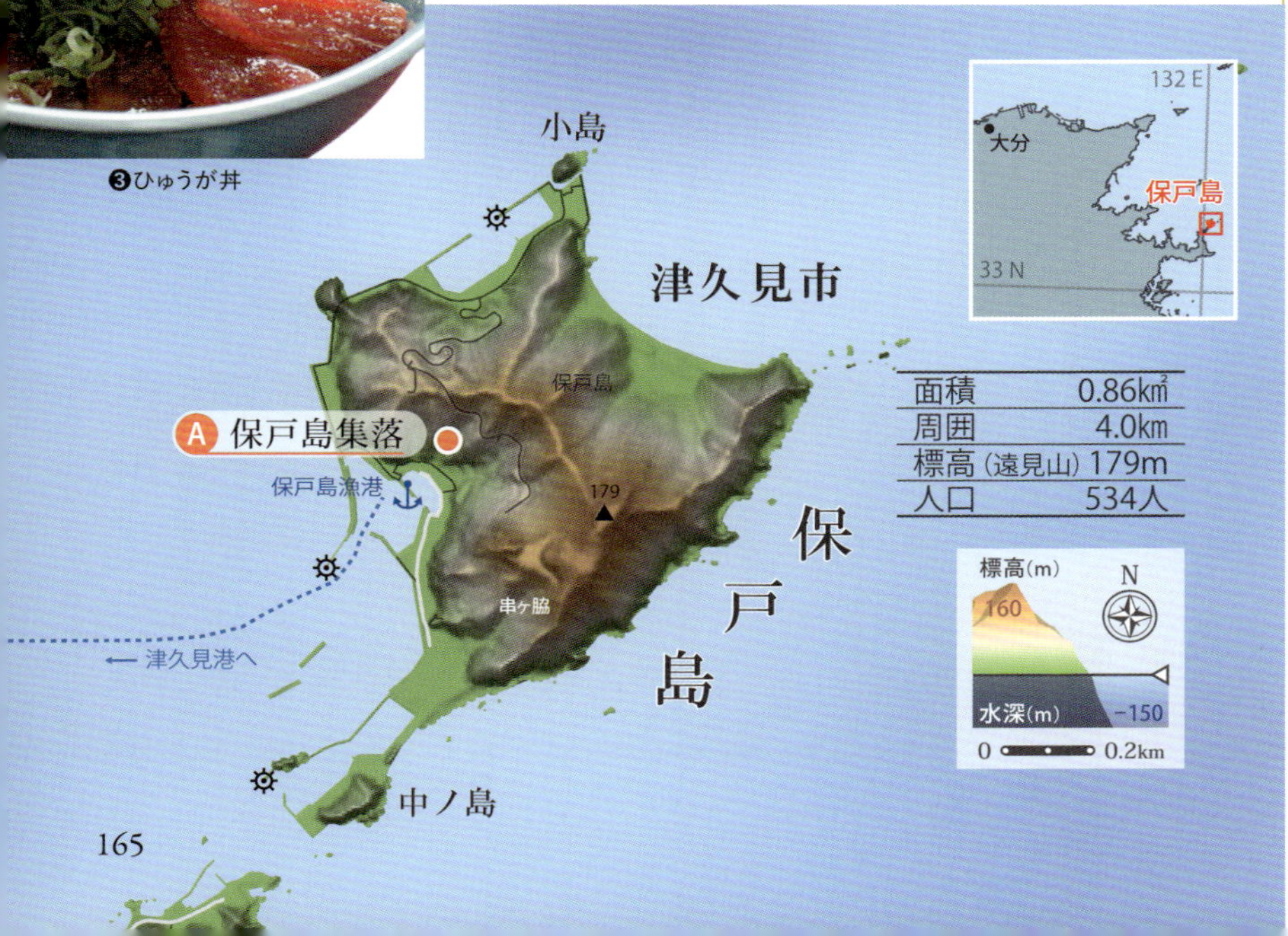

面積	0.86㎢
周囲	4.0km
標高（遠見山）	179m
人口	534人

礼文島《れぶんとう》

❼桃岩

❶礼文岳

花の浮島で楽しむ最北トレッキング

［北海道礼文町］

礼文島は稚内市の西約60㎞の日本海にある島である。隣接する活火山の利尻島と異なり、古い海底火山でできた礼文島は最高地点が500mにも満たず、南北方向に細長い。

礼文岳Ⓐ❶を最高峰とする起伏が多い地形は、約2万年前の最終氷期に形成された周氷河地形で、自然愛好家やバックパッカーを惹きつけてきた。氷期には岩石の水分が凍りつくことで膨張し岩石自体を破砕する。地表付近では表土が持ち上げられバランスを崩して低いところへ転がっていく。この現象が繰り返されて丘陵地形が形成された。東側は比較的なだらかだが、風を受けやすい西側は海蝕崖が発達し断崖絶壁が続く。北部の澄海《すかい》岬Ⓑ❷や南部の地蔵岩Ⓒ❸はその最たる絶景スポットである。

春から秋にかけて、固有種レブンアツモリソウ❹や町の花に指定されているレブンウスユキソウ❺、レブンソウ❻など、礼文の名を冠する稀少な高山性の花々が咲き誇り、別名「花の浮島」とも言われる。尾根伝いに整備された遊歩道を歩けば、一面の緑の丘に浮かぶ花々と遠方に望む利尻富士の景観美に誰しもが息を飲むだろう。

トレッキングコースも桃岩Ⓓ❼周辺を巡るハイキングレベルから、礼文岳の登山コース、丸一日かかる上級者向けのコースまで様々なルートが整備されている。最も長い「8時間コース」（約16・5㎞）は相応の脚力と準備が必要で難易度も高いが、礼文島西海岸の魅力を存分に味わうことができる。

❻レブンソウ

❺レブンウスユキソウ

❹レブンアツモリソウ

❷澄海岬

❸地蔵岩

面積	81.64km²
周囲	66.6km
標高（礼文岳）	490m
人口	2,509人

城ヶ島《じょうがしま》

太平洋を望む渡り鳥の休息地

［神奈川県三浦市］

❶城ヶ島大橋

❹海岸線に拡がる波食棚

❷島のシンボル、城ヶ島灯台

❸ウミウ展望台

三浦半島の最南端に位置する城ヶ島は、城ヶ島大橋Ⓐ❶で繋がるアクセスの良さ(徒歩可)から観光地として人気が高い。

シンボルである城ヶ島灯台Ⓑ❷にほど近い城ヶ島商店街Ⓒは、古くからの漁師町の風情が今も残る。東部の赤羽根海岸Ⓓは渡り鳥ウミウの営巣地として知られており、野鳥観察家にも人気のスポットである❸。南側にはハイキングコースが設置され、海岸沿いでは1923年の関東地震で隆起して形成された波食棚Ⓔ❹が見られる。

面積	0.99㎢
周囲	9.4km
標高	35m
人口	449人

佐久島《さくしま》

近代アートと黒壁集落の町並みを巡る

［愛知県西尾市］

佐久島は三河湾のほぼ中央に位置し、丘陵、段丘、低地と小さいながらも複雑な地形を持つ。南西側にある日間賀島《ひまかじま》と篠島《しのじま》と合わせ三河湾三島と呼ばれる。

南側の大きな入江である大浦湾Ⓐでは藻場の再生活動が行われ、ブルーカーボン推進の取り組みとして注目されている❶。

近年、島の人気を高めているのは、島内随所で出会えるユニークな街中アートⒷ❷で、1年を通じてアートピクニックが楽しめる。潮風から家屋を守るためコールタールを塗った黒壁が「三河湾の黒真珠」とも称される西地区の古い町並みⒸ❸や、時間が許せば日本一低い富士山（佐久島富士）Ⓓも訪れてみたい。

❸西地区の街並み 写真提供：西尾市

❷街中アート『カモメの駐車場』

❶大浦湾のアマモ 写真提供：西尾市

面積	1.73㎢
周囲	11.8km
標高	38m
人口	196人

家島諸島《いえしましょとう》

漁場と採石がもたらす個性的な景観

［兵庫県姫路市］

❷「間浦古郭」（家島十景）付近から見た真浦港

❸坊勢島のカズラ港

姫路・飾磨《しかま》港の奥に佇むフェリーターミナルには、小豆島行きゲートのそばにもう1つ小さな船着き場がある。家島諸島のうち4つの有人島（家島、坊勢島《ぼうぜじま》、男鹿島《たんがしま》、西島）に向かう便の発着点である。

島民の大部分は主島である家島とそのすぐ南にある坊勢島に暮らしている。日本屈指の好漁場に恵まれ、港は見渡す限りの漁船で賑わっている。家島は創建2700年と伝わる家嶋神社Ⓐを擁し、境内には豊かな原生林を残す❶。また、周囲の島で採れた石材の運搬や海運業の拠点でもあり、港に巨大なクレーンのついたガット船の立ち並ぶさまも島の一景観である❷。

漁港あたりの漁船数日本一を誇る坊勢島は、日本第2位の浮き桟橋Ⓑ❸や日本最大の生簀《いけす》船などを有する国内屈指の漁業基地である。人口密度やバイクの保有台数も日本有数で、島の北部には迷宮のような狭い路地が張り巡らされ、今も昭和時代の懐かしさを漂わせる❹。

残りの有人島、男鹿島と西島は島の大部分が花崗岩や安山岩の採石場❺で、切り出された石は大坂城の築城や関西国際空港の埋立、阪神大震災の復興にも用いられてきた。船上や他の島から見える切り立った断崖は奇観である❻。島の大部分は立入禁止だが、夏は港近くのタテの浜Ⓒに多くの海水浴客が訪れる。

それぞれで特徴的な産業を持つ家島諸島には、江戸時代の漢詩に「家島十景」と謳われた景勝の一部が残っている。潮風を受けつつ名所旧跡を訪ね歩けば、個性豊かな島々の姿が見えてくるだろう。

❶家島神社の原生林「天満霊樹」（家島十景）

❻家島から見た男鹿島の断崖

❹迷路のような路地

❺男鹿島の採石場

【西島】

面積	6.52km²
周囲	21.0km
標高	276m
人口	4人

【坊勢島】

面積	1.90km²
周囲	12.3km
標高	71m
人口	1,911人

【家島】

面積	5.40km²
周囲	15.4km
標高	134m
人口	2,137人

【男鹿島】

面積	4.53km²
周囲	10.0km
標高	193m
人口	27人

⑤東岸から見た精錬所の煙突

❶草間彌生「赤かぼちゃ」 2006年 直島・宮浦港緑地
写真：青地大輔

直島《なおしま》

現代アートと環境保全で先駆的な島へ

［香川県直島町］

備讃瀬戸の島々を舞台に3年に一度開かれる「瀬戸内国際芸術祭」。このプロジェクトに遡ること約20年、現代アートによる地域づくりの先駆けとなったのが直島である。玄関口である宮ノ浦港に渡ると、草間彌生氏の作品『赤かぼちゃ』をはじめとする作品がさっそく出迎えてくれる❶。オブジェが多い宮ノ浦地区Ⓐだが、銭湯が丸ごとアートとなった『直島銭湯「I♥湯」』❷や、旧パチンコ店を改修した展示施設『宮浦ギャラリー六区』❸などやや前衛的な建物も多い。

宮ノ浦地区の反対側にあたる本村地区では、空き家を活用した大規模なアート作品群『家プロジェクト』Ⓑが展開され、島の南岸は『地中美術館』❹をはじめとする美術館が立ち並ぶ。これらのアートサイトをじっくり巡るには2日は見ておいた方がよいだろう。起伏が多いため電動アシスト自転車がおすすめである。なお、予約制の施設が多いことも注意しておきたい。

ところでこの島が、年間40トンもの金塊を生産する日本有数の製錬の島でもあることはあまり知られていない。島の北部、面積にして約20％は精錬所の敷地❺であり、島で働く人の8割は関わりを持つ。大正時代に三菱マテリアルⒸを誘致して以来、製錬所とともに歩んできた直島だが、当時は煙害の代償も小さくなかった。かつて違法廃棄物で深刻な被害を受けた隣の豊島《てしま》と同様、現代アートの島として新たな側面を作りつつ、環境保全への取り組みも同時に進められている。こうした島の歴史的経緯を心に留めておくと、作品を見る目線も少し変わってくるかもしれない。製錬所の工場見学も観光協会にて受け付けている。

❸宮浦ギャラリー六区 下道基行《瀬戸内「　　　」資料館》
写真：山本糾

❷直島銭湯「I♥湯」 大竹伸朗（2009） 写真：渡邉修

❹地中美術館　写真：藤塚光政

面積	7.82㎢
周囲	21.7㎞
標高（地蔵山）	123m
人口	3,071人

❶大入島全景

大入島《おおにゅうじま》

神話の島から豊後水道のパノラマビューを堪能

［大分県佐伯市］

大入島は、佐伯湾に浮かぶZ字型の島で、対岸からはわずか700mの距離にある❶。風光明媚な景色に恵まれ、その一部は日豊海岸国定公園に指定されている。最高峰の遠見山の展望台Ⓐでは豊後水道が360度の大パノラマで広がり、天気が良ければ四国も望むことができる❷。

神話の島とも呼ばれ、神武天皇が弓矢の先を突いて水を出したという伝説が残る。その井戸が「神の井」Ⓑ❸であり、清水が今も枯れることなく湧き出している。この故事に由来した大入島トンド火まつり❹も毎年1月に開催される。江戸時代には伊能忠敬が測量のために訪れており、その記念柱Ⓒが残されているほか、大正天皇の駐蹕《ちゅうひつ》記念碑Ⓓなどの歴史的モニュメントが多数点在している。

近年はトレッキングの島としての人気も高く、全長10・5㎞の「さいき・大入島コース」がつくられ、毎年、島内人口の10倍を上回る6000人以上の観光客が訪れる❺。このコースは小さな入江の舟隠しⒺや「海の細道」と呼ばれる防波堤Ⓕ、前述の遠見山展望台や神の井などの観光スポット、さらに民家の路地も組み込まれており、島民の暮らしぶりを肌で感じることができる。なお、島の産業は漁業と水産加工が主で、ブリやタイなどの養殖も盛んである。特に天日干しのちりめんといりこは全国的に有名な名産品となっている。

佐伯港から対岸の石間Ⓖまで観光フェリーで7分、島の各所を巡るマリンバスも運航されている。コースを辿るトレッキングもよし、レンタサイクルを借りてポタリングもよし、潮風を受けながら思い思いに島時間を味わいたい。

❺九州オルレ さいき・大入島コース

❹トンド火まつり

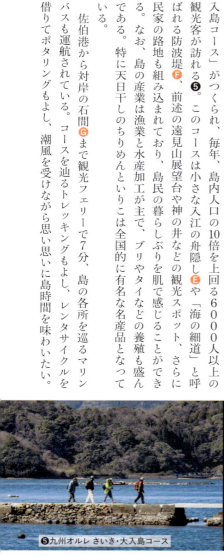

地ノ鼻

面積	5.65㎢
周囲	23.2km
標高（遠見山）	194m
人口	542人

❸神の井

❷遠見山からの眺望

沖永良部島《おきのえらぶじま》

東洋一の鍾乳洞を誇るエラブユリの里

［鹿児島県和泊町・知名町］

❺田皆岬

❹昇竜洞

奄美群島南端にある与論島は「インスタ映え」スポットとして近年つとに有名になった。与論島のシンボルカラーをエメラルドブルーとすれば、そのすぐ北にある沖永良部島のシンボルカラーはコバルトブルーである。奄美群島の南から2番目、沖永良部島はエラブユリ❶に代表される花の島で、4月〜5月上旬にかけて笠石海浜公園Ⓐで一面の花畑を見られる。また近くの国《くに》頭《がみ》小学校の校庭にある「日本一のガジュマル」Ⓑ❷も一見の価値がある。ワンジョビーチⒸ❸、屋子母《やこも》ビーチⒹなどの美しい海水浴場やダイビングスポットがありながら、島を訪れる観光客はさほど多くない。しかし最近はケイビング(洞窟探検)の聖地として少しずつ注目を集めてきている。

沖永良部は琉球石灰岩を主体とし、大山Ⓔの240mを最高地点とするなだらかな島である。石灰岩は水が浸透しやすく河川がないため、島民は長い間、暗川《クラゴー》とよばれる鍾乳洞の湧き水に用水を求めてきた。島の地下には200を超える鍾乳洞があり、中でも1963年に発見された昇竜洞Ⓕ❹はその美しさと規模において東洋一とも称えられる。昇竜洞は遊歩道が整備されているが、観光ガイドなどへ依頼すれば名もない鍾乳洞に潜ることもできる。その北西にある田皆《たみな》岬(矢護仁屋岬)Ⓖ❺も、カルスト地形の絶景スポットである。

西郷隆盛が一時期この島に流刑となったことから、大河ドラマ『西郷《せご》どん』の舞台にもなった。和泊港近くの西郷南洲記念館Ⓗには彼を記念する公園や神社もある❻。島の歴史に興味があれば、越山Ⓘの山麓にある和泊町歴史民俗資料館と世之主《よのぬし》の史跡もおすすめである。

❸ワンジョビーチ

❶エラブユリ ©Okinoerabu Island

❷日本一のガジュマル

❻西郷隆盛像

面積	93.65㎢
周囲	55.8㎞
標高（大山）	240m
人口	11,996人

沖島《おきしま》

琵琶湖の中で楽しむトレッキングと眺望

［滋賀県近江八幡市］

❶沖島全景

❷漁師町の街並み

❹尾山からの眺望
Ⓒ近江八幡市

琵琶湖に浮かぶ金魚のような形をした沖島は、日本で唯一淡水湖にある有人島である❶。

湖岸は漁師町❷で、鮒寿司❸など滋賀の郷土料理を支えている。島内にクルマはなく、主な移動手段は三輪自転車か徒歩だが、多くの家庭はマイボート（自家用船）を所有し、対岸と往き来する。堀切港からは定期船が出ていて、10分でアクセスできる。

全体的に山がちの島であり、港の裏手から稜線に続くトレッキングコースが整備されている。最高峰の尾《お》山《やま》Ⓐは標高220ｍだが、琵琶湖の湖面が標高85ｍにあたるため、麓からの比高は135ｍほどだ。稜線上のケンケン山（見景山）Ⓑ、ホオジオ広場Ⓒ、そして山頂付近の広場からは湖東平野や滋賀の山々を見渡すことができる❹。

❸鮒寿司　Ⓒ近江八幡市

面積	1.51㎢
周囲	6.8㎞
標高（尾山（宝来ヶ嶽））	220m
人口	242人

神集島《かしわじま》

万葉の響きを伝える捕鯨の里

［佐賀県唐津市］

❶神集島全景

❷万葉歌碑

❸住吉神社本殿

東松浦半島東岸に浮かぶ特徴的な形の島が神集島❶で、多くの遺跡や神話伝承が残る。島名は、神功天皇が新羅(朝鮮)出兵の際、神々を集めて儀式を行ったことに由来すると言われている。

『万葉集』には朝鮮半島に向かう使節がこの島で詠んだ7首の歌が見え、その歌碑が島の7ケ所に据えられている❷。ミジンコの触角のように伸びる砂嘴の先端には海神を祀る住吉神社Ⓐ❸があり、境内に元寇で蒙古軍が捨てていった「碇石《いかりいし》」も安置されている。南岸には捕鯨船の遭難を追悼する「鯨恵比須」像Ⓑもあり、捕鯨で賑わった玄界灘の歴史を伝える。

唯一の商店「神集島購買部」Ⓒ❹は南西諸島に多い集落運営の共同売店だが、内地の島ではごく珍しい。万葉歌碑を巡るならここで自転車を借りてもよいし、島特産の石割豆腐を買うのもおすすめである。

面積	1.39k㎡
周囲	6.5km
標高	85m
人口	261人

❹神集島購買部

Column 2 これも「島」!?

「千葉県は島である」と言われたらピンとくるだろうか。確かに千葉県は四方を河川（利根川・江戸川）と海（東京湾・太平洋）に囲まれているので、**コラム1**で記載した定義次第では「島」になるかもしれない。これはいささか極端な例だが、河川の中洲もれっきとした島の一種である。例えば信濃川の河口に位置する新潟の市街地は「新潟島」と呼ばれているし、ニューヨークのマンハッタン島や大阪の中之島（図1）などは水運の要衝たる中洲に築かれた街である。島は孤立して遠くにある辺境とイメージされがちだが、このように「島」に位置する大都市も多い。香港やシンガポール、タンザニアのザンジバルなども、大陸沿岸の交易都市として発展した島である。

また、見逃されがちなのが本土と近接した島である。日本で最も「島らしくない島」としては、ハウステンボスなどのある針尾島（長崎県佐世保市）が挙げられる。大村湾に蓋をするように位置しているが、よく見ると最狭部でわずか幅約 10 mの早岐《はいき》瀬戸❶と約 170 mの針尾瀬戸に挟まれている。本州の最西南端に位置する彦島（山口県下関市）も本州からわずか 50 mの水路で隔てられながら市街地の一角をなし、日本で最も人口密度の高い島の 1 つである（図2）。歴史的遺構や逸話も多く、宮本武蔵・佐々木小次郎の決闘の地とされる「巌流島」もすぐ近くにある。

向島《むかいしま》（広島県尾道市）や大毛島・島田島（徳島県鳴門市）も狭い海峡で隔てられ、対岸の市街地と一体化した島である。これらの島は架橋されている一方、複数の渡船❷が両岸を運航し、市民の足として今も利用されている。島の暮らしを垣間見るささやかな船旅に出てみるのも一興だろう。

図1 赤線内が「中之島」（大阪府大阪市）（国土地理院・地理院地図に加筆）

❶ 早岐瀬戸の最狭部

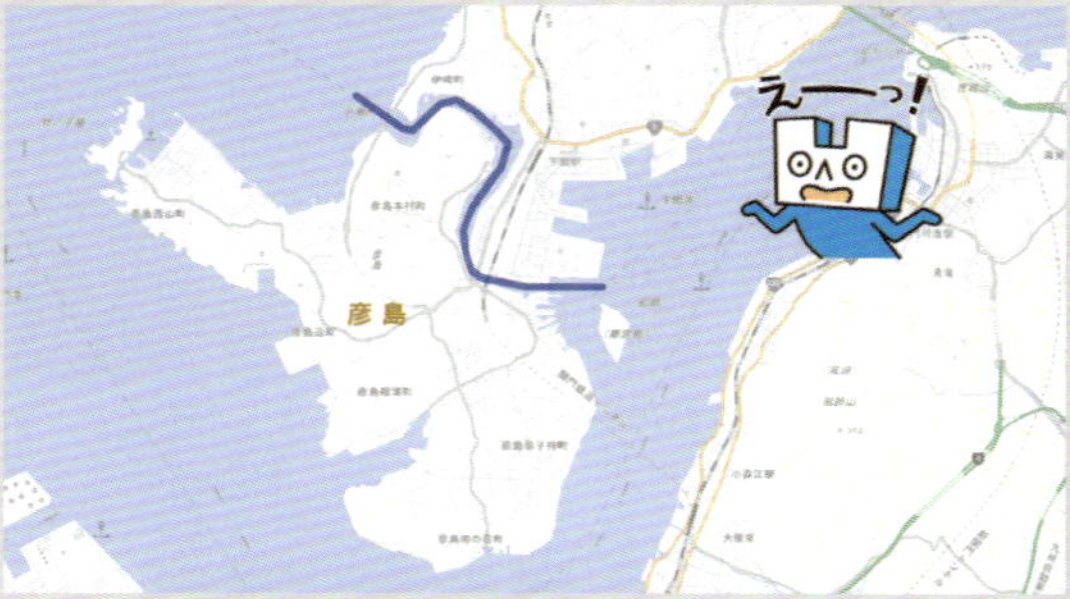

図2 青線が彦島を隔てる水域（山口県下関市彦島）（国土地理院・地理院地図に加筆）

❷ 鳴門市営の渡船

第6章

異境との交流

世界と繋がる島

［宮古諸島］東平安名崎
©OPG

［種子島］
大型ロケット発射場

❹寒風沢島に建つ造艦の碑 ©塩竈市

❶浦戸諸島における牡蠣の養殖

浦戸諸島《うらとしょとう》

船乗りの拠点となった牡蠣養殖と花の島

［宮城県塩竈市］

日本三景の松島を抱く内湾を松島湾と呼ぶが、その湾口部を守るように分布する大小200もの島々を浦戸諸島と称したのは、松島浦の戸口に当たることに因んだ島民の創意であった。300年の歴史を持つ種牡蠣の養殖が今も島々の主産業❶だが、東日本大震災の影響もあり、現在は担い手不足に悩まされているという。

近世、寒風沢島《さぶさわじま》には港が置かれ、仙台藩の積出港であった石巻の外港として栄えた。海象を確認するための「方角石」❷と、遊女が船乗りたちを引き留める祈願をしたという「しばり地蔵」❸が、往時の繁栄の形見として日和山《ひよりやま》Ⓐに残る。

1793年、寒風沢島出身の商人・津太夫《つだゆう》らは石巻から江戸に向けて出港したのち塩屋崎沖で遭難し、ロシア領に漂着して救助された。彼らのうち4名は南米・ポリネシアなどを歴訪し帰国したが、これは日本人初の世界一周の記録である。

幕末になると仙台藩は寒風沢を北方警固の拠点とし、日本初の西洋式軍艦「開成丸」と砲台を寒風沢島に建設させたⒷ❹。さらに明治中期、国策でラッコ、オットセイの毛皮猟が盛んになると、浦戸の船乗りは北洋の千島・アリューシャン列島へも進出した。桂島の石浜集落には、塩竈の築港と北洋進出に貢献した白石廣造の屋敷跡Ⓒが残る。

現在、朴島《ほおじま》を除く有人3島は無料の渡し舟で連絡され、4島を1日で歩いて巡ることも可能だ。春〜夏には、朴島の菜の花畑Ⓓ❺や野々島のラベンダー畑Ⓔ❻が、海に開かれてきた浦戸諸島の歴史遺産に彩りを添えてくれる。

❸しばり地蔵 ©塩竈市

❷方角石 ©塩竈市

❺朴島の菜の花畑 ©塩竈市

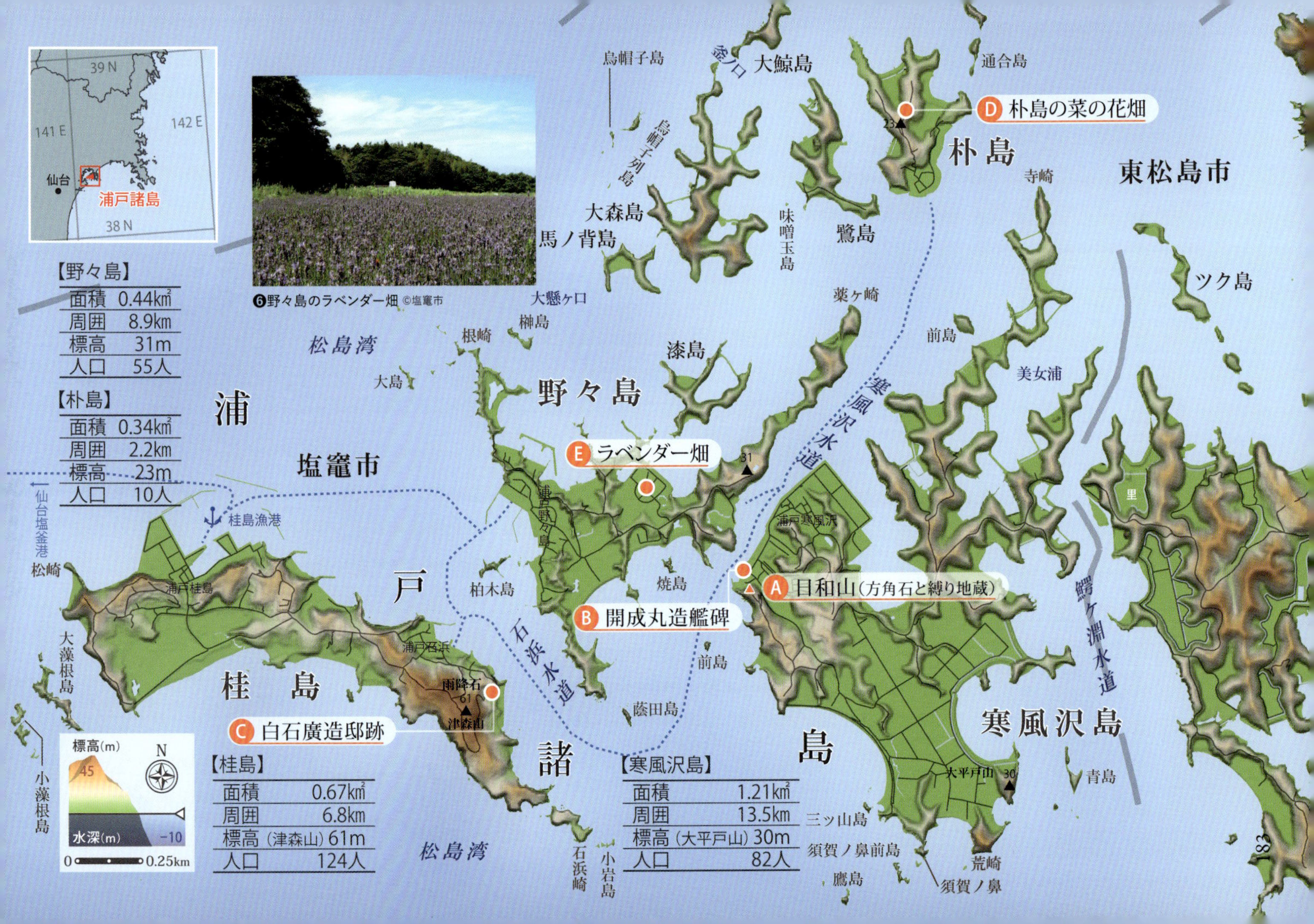

❻野々島のラベンダー畑 ©塩竈市

【野々島】

面積	0.44km²
周囲	8.9km
標高	31m
人口	55人

【朴島】

面積	0.34km²
周囲	2.2km
標高	23m
人口	10人

【桂島】

面積	0.67km²
周囲	6.8km
標高（津森山）	61m
人口	124人

【寒風沢島】

面積	1.21km²
周囲	13.5km
標高（大平戸山）	30m
人口	82人

❺ボニナイトの露頭（枕状溶岩）

❶小笠原の玄関口、二見港

父島《ちちじま》

南洋から流れ着いた自然と文化

［東京都小笠原村］

竹芝埠頭から船で24時間。２０１１年、世界自然遺産に登録され活気づいてはいるものの、小笠原は依然として本土から最も遠い有人島群である。近世後期に太平洋を住処とした移動民が開拓して以来、大国の利害に翻弄されつつも独自の歴史を歩んできた。ペリーの本土来航前の寄港地として記念碑の残る父島の二見港Ⓐ❶は、第一次大戦後にはミクロネシア方面に向かう南洋航路の中継地ともなり、今日まで小笠原の玄関口となっている。

大陸と接続したことのない小笠原の生物相は極めて特異である。二見港の後背の大神山公園Ⓑや東平の自然散策路Ⓒでは、アカガシラカラスバト❷やムニンノボタンなど貴重な固有種を観察できる。ナイトツアーならグリーンペペの愛称で知られるヤコウタケ❸や、小笠原固有の唯一の哺乳類オガサワラオオコウモリの姿も見られる。島の西端の三日月山にはウェザーステーション展望台Ⓓ❹があり、ホエールウォッチングや星空観察のスポットとしても有名である。

父島にはボニナイト（無人岩《むにんがん》）❺という特殊な火山岩が分布するが、南岸には石灰岩も一部に露出していて、徒歩（トレッキング）かボートでしか行けないジョンビーチⒺ、さらにそこから海路を辿るジニービーチなど、白砂の隠し浜も見られる。南西沖にある南島は都の天然記念物となっている沈水カルスト地形が発達し、扇池Ⓕ❻ではガイド同行のもと海水浴を楽しめる。

都心から南へ１０００km離れているという地理的要素を生かし、夜明山Ⓖには直径20mの電波望遠鏡アンテナ（ＶＥＲＡ）が建てられた。夜間はオレンジ色でライトアップされ、「オレンジペペ」の愛称で親しまれている❼。

本土からの船便は4～6日に1便のみ。容易に行ける場所ではないが、その孤立がつくり出してきた生物と人々の足跡が小笠原にはある。

❹ウェザーステーション展望台 ©小笠原村観光局

❻南島の扇池 ©小笠原村観光局

❸ヤコウタケ（グリーンペペ）

❷アカガシラカラスバト ©小笠原村観光局

❼ライトアップされたVERA

面積	23.45km²
周囲	52.0km
標高（中央山付近）	326m
人口	2,114人

❹トルコ軍艦遭難慰霊碑

❸エルトゥールル号遭難場所（船甲羅）

紀伊大島《きいおおしま》

太平洋の最前線で世界と渡り合った島

［和歌山県串本町］

本州最南端にある潮岬の東側に位置する紀伊大島は、和歌山県では最大にしてほぼ唯一の有人島であり、太平洋の最前線において海外交流で独特な役割を果たしてきた。

最初の重要な海外との接触は、1791年にアメリカの毛皮商人の帆船レディ・ワシントン号が当地に11日間滞在したことである。アメリカ建国からわずか15年後のことで、ペリー来航より60年も遡る日米の最初の交流であった。この事績を伝える日米修交記念館Ⓐは、景勝地の海金剛《うみこんごう》❶を望む高台に建っている。

明治に入ると、諸外国との条約で太平洋岸8ヶ所に灯台を設けることが定められた。その1つである樫野埼《かしのざき》灯台Ⓑ❷は1870年に点灯した日本最古の石造灯台で、鳥羽諸島の菅島灯台と同じブラントンの設計である。

1890年には、オスマン帝国（トルコ）の軍艦エルトゥールル号が難破して存命者が樫野埼灯台付近に漂着した❸。島民の救難活動がきっかけとなり、現代まで続く両国の友好関係の礎が築かれた。灯台付近にはこれを記念するトルコ記念館Ⓒのほか、トルコ共和国の要請で建てられた荘厳な遭難者慰霊碑❹とトルコ建国の父ムスタファ・ケマル・アタテュルク騎馬像がある。

南紀熊野の漁民は移民を多く輩出したことでも知られている。20世紀末期、オーストラリア北部の木曜島での真珠採取が盛んになると、串本から多くの漁民が潜水夫として海を渡った。また、ブラジルやハワイ、北米大陸に移住した人々も少なくなかった。数々の歴史的事件の舞台となった大島には、海外からも多くの観光客が訪れる。漁業を主にする静かな島だが、航空自衛隊の分屯基地が置かれるなどその地理的な重要性は今も変わっていない。

❷樫野埼灯台

❶海金剛

面積	9.47㎢
周囲	28.0km
標高（大森山）	171m
人口	1,043人

❶みかん畑の風景

❷周防大島と大島大橋

❹日本ハワイ移民資料館

周防大島《すおうおおしま》・沖家室島《おきかむろじま》

ハワイ移民を輩出した出稼ぎの島

［山口県周防大島町］

周防大島（屋代島《やしろじま》）は瀬戸内海では3番目に大きく、瀬戸内海西部では最大である。タイの釣り漁をはじめとする漁業と、温暖な気候を活かした柑橘類栽培❶を主産業とする。渦潮の名所でもある大畠《おおばたけ》瀬戸に大島大橋❷が架かったのは1976年で、交通至便となったことによりドライブ客や宿泊客も増加した。日本最古にして日本三大文殊の1つである文殊山の文殊堂Ⓐや高さ2・8mの日見《ひみ》大仏で知られる西長寺《さいちょうじ》Ⓑ❸、その西長寺が中心となって1889年に開創された島内八十八か所の巡礼に訪れる人も多い。

周防大島の南側、今日では橋で結ばれる沖家室島は瀬戸内海海運の拠点で、近世には泊清寺《はくせいじ》Ⓒ❹に参勤交代や朝鮮通信使の宿所が置かれ、「家室千軒」と呼ばれるほどの繁栄を喫した。土地に縛られない出稼ぎ稼業が盛んな周防大島諸島では人口増加が著しく、明治期には5万人を超えるまでになった。

19世紀末期、人口過多に悩んでいたこれらの島々は、サトウキビ農場の労働力を必要としたハワイへの移民を多く輩出した。明治期に政府主導で海を渡った約3万人の移民のうち、大島の移民は4千人にも上ったという。現在も移民の子孫が暮らすハワイのカウアイ島と大島は姉妹縁組を結んでおり、彼らの事跡は西屋代地区にある日本ハワイ移民資料館Ⓓ❺に収められている。

島の東端、東和地区は、離島振興の父として知られる民俗学者・宮本常一《つねいち》の出身地である。離島の生活文化や振興に関心のある向きは、東和地区庁舎に隣接する宮本常一記念館Ⓔ❻に足を運ぶのもよい。また松ヶ鼻近辺には、1943年に伊保田沖で爆沈した戦艦陸奥の遺物を集めた陸奥記念館もあるⒻ❼。

❹泊清寺

❸西長寺

❼陸奥記念館

❻宮本常一記念館

【屋代島】

面積	128.31km²
周囲	−
標高（嘉納山）	694m
人口	14,477人

【沖家室島】

面積	0.95km²
周囲	5.0km
標高	178m
人口	96人

福江島《ふくえじま》

大陸棚の東べり、大陸文化の足掛かり

[長崎県五島市]

❶鬼岳 ©長崎県観光連盟

❷鐙瀬海岸

五島列島の南端に位置する福江島には鬼岳Ⓐ❶をはじめとする小型の単成火山が多く分布し、峻険な五島の他の島とは一線を画する。鐙瀬《あぶんぜ》海岸Ⓑ❷は海に流出した玄武岩質の溶岩が隆起したもので、福江地区の近世の武家屋敷Ⓒでは溶岩がそのまま石垣にも用いられている。この溶岩が作った平原こそが、福江島を五島列島の主島たらしめている。

長らく日本の版図の最西端に位置していた福江島は、東シナ海を往来する諸文化の玄関口でもあった。遣唐使船の最後の停泊地・三井楽《みいらく》には、当地を旅立った空海の事跡を記念して「辞本涯《じほんがい》の碑」Ⓓ❸が建てられている。日明交易が盛んになった中世には、海賊や倭寇もこの島に拠点を求めた。富江地区の勘次ケ城《かんじがしろ》Ⓔは倭寇の拠点となった1つである。首領である明の商人・王直も福江に流れ着き、中国式の六角井戸や航海安全の廟堂「明人堂《みんじんどう》」Ⓕを建立している。幕末期、海上防衛の要として最後の城郭・石田城(福江城)Ⓒ❹が建てられたのも福江の町であった。

キリスト教の存在も忘れてはならない。フランス・ルルドに発祥する聖母の信仰は、キリスト教とともに日本にももたらされたが、玉之浦地区の井持浦《いもちうら》教会Ⓖ❺には五島の様々な岩石を持ち寄って築かれたルルドの泉があり、現在も巡礼者が訪れる。ここからほど近く、最西端に建つ白亜の大瀬崎灯台Ⓗ❻は、夕日の絶景スポットとしても知られる。国際色に彩られた福江島で、海の彼方に思いを馳せるのにこれほどふさわしい場所はない。

❺井持浦教会 ©長崎県観光連盟※

❹石田城(福江城) ©長崎県観光連盟

❸辞本涯の碑

面積	326.31km²
周囲	320.3km
標高（父ケ岳）	460m
人口	31,945人

❻大瀬崎灯台 ©長崎県観光連盟

種子島《たねがしま》

漂着した船が日本の歴史を変えた

〔鹿児島県西之表市・中種子町・南種子町〕

❶門倉岬前之浜海岸

本土最南端、大隅半島佐多岬から南東へ45kmほどにある種子島は、鉄砲伝来の島としてあまりにも有名だ。1543年8月、南端の門倉岬前之浜海岸Ⓐ❶に1隻の中国船が漂着し、乗船していたポルトガル人によって火縄銃が伝えられた。当時の領主であった種子島時尭《ときたか》が2丁の銃を購入、家臣らに鉄砲の製法を学ばせる。刀鍛冶であった八板金兵衛清定は、翌年に再来した南蛮船の鍛冶師からネジの技術を習得するなど苦心の末、ついに国産の鉄砲を完成させた。この鉄砲は戦乱の絶えなかった当時の日本においてゲーム・チャンジャーとして急速に普及した。

玄関口、西之表市にある鉄砲館（種子島開発総合センター）Ⓑ❷ではこのポルトガル初伝銃❸や国産第1号銃❹をはじめ、国内外の旧式銃丁が多数展示され、あわせて島の歴史や民俗文化、自然地理など多くを学ぶことができるので、島内周遊の最初に訪問しておくとよいだろう。

起伏の多い島の北部は西之表市街以外に大きな集落はなく、東海岸側は森林と農作地帯が占める❺。このうち、安納地区Ⓒは「種子島安納芋」❻の産地としてその名が知られる。第二次世界大戦直後、スマトラ島から帰還した兵士が持ち帰った1個の甘いイモがルーツと言われ、島内で栽培されるようになった。高い糖度としっとりとした独特な食感を持つこのイモは、農業試験場（熊毛支場）で品種の選抜育成が行われ、1998年、「安納紅」と「安納こがね」の2品種が登録された。全国的な人気の高まりを背景に、

❸ポルトガル初伝銃 ©種子島時邦氏所蔵

❹国産第1号火縄銃 ©種子島時邦氏所蔵

❻種子島安納芋　© K.P.V.B

❺北部の東海岸

島内では作付面積が年々増加している。かつて、琉球国より取り寄せたサツマイモの栽培に初めて成功した場所も種子島と言われており、こうした芋類の栽培に適した土壌と気候であることを示している。

北部とは対照的になだらかな地形の中南部は、中種子町市街を中心に比較的栄えた雰囲気を持つ。新海誠監督のアニメ映画『秒速5センチメートル』のモデルとなったことで聖地巡礼に訪れる観光客も多い。その中の1つである中山海岸Ⓓ❼は、遠浅で透明度が高いサーフィンスポットとしても知られる。

JAXAの宇宙関連施設が集中する南部は、南国的な風景とハイテクな設備が不思議なコントラストを醸し出している。特に総面積970万㎡を持つ種子島宇宙センターが立地する東南端海岸エリアは、大型ロケット発射場Ⓔや宇宙科学技術館Ⓕ❽、管制塔などが点在し、中北部の牧歌的な雰囲気とは異なり、やや物々しい雰囲気すら漂う。関係者以外立ち入り禁止エリアも多数あるが、事前申し込みのバスツアーに参加すれば一部の施設内を見学できる。また、周辺はやや起伏に富んだ地形ゆえ、随所に展望場所があり、遠方からでも落雷からロケットを守る鉄骨の避雷塔を眺めることができる❾。年に数回あるロケット打ち上げ時は射点を中心とした半径3km以内が立ち入り規制されるが、島内外から大勢の見物者が展望エリアに集まり、島を挙げて宇宙への旅立ちを見守る❿。

❿ロケットの打ち上げ

❾大型ロケット発射場

種子島《たねがしま》

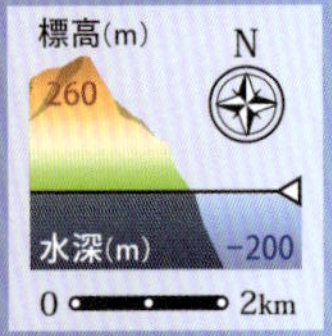

面積	444.30km²
周囲	169.6km
標高	282m
人口	27,690人

❷鉄砲館

❼中山海岸

❽宇宙科学技術館

宮古諸島《みやこしょとう》

❶伊良部大橋

カルストの島に秘められた海洋民族の歴史

［沖縄県宮古島市］

２０１５年に伊良部島《いらぶじま》と宮古島を結ぶ伊良部大橋Ⓐ❶が開通、２０１９年には下地島《しもじしま》空港Ⓑが一般開業したことで、宮古島は観光ラッシュに沸き立った。伊良部大橋を渡ればその絶景に誰もが息を呑む。宮古の海が透き通っているのは、透水性の高いサンゴ礁由来の石灰岩からなり、土砂を運ぶ河川が存在しないためである。

北西―南東方向に並走する断層列が特徴的な宮古のケスタ状地形は、粘土質の水を通さない赤土「島尻マージ」と、透水性の石灰岩地形が交互に連なって形成されている❷。この琉球石灰岩は宮古諸島の至るところにカルストをつくっていて、下地島の通り池Ⓒ❸、佐和田の浜Ⓓ❹や大神島Ⓔ❺のノッチ（波食窪）、宮古島の東平安名崎《ひがしへんなざき》Ⓕ❻などは貴重な自然・人文的価値を認められている。最高で１１３ｍという平坦な地形ゆえ、過去には諸島全体が海中に沈んでいた時代もあり、南西諸島の主要な島では珍しくハブのいない島でもある。

川のない宮古島で人々はカー（ガー）とよばれる天然の井戸❼を利用してきたが、台風や旱魃は常に島民の悩みの種だった。１９７１年の大旱魃を経て水利対策が協議され、１９９８年に完成したのが「地下ダム」Ⓖである。石灰岩の地盤にコンクリート壁を立てて貯水する世界初の土木技術で、以来、水がめとして島の生活を支えている❽。現在は農業王国としての一面も持つ宮古諸島だが、これも地下ダムがもたらした恩恵である。

島を囲む遠浅のサンゴ礁地形は干瀬《ひし》と呼ばれ、しばしば通航の障害ともなった。１８７３年にはドイツ

❷石灰岩地形からなる宮古島

⓫佐良浜地区

❻東平安名崎 ©OPG

商船が南岸の干瀬で難破し、島民が救助に当たった。平良《ひらら》市街地にはドイツ皇帝から贈られた博愛記念碑Ⓗがあるほか、救難地にはテーマパーク「うえのドイツ文化村」Ⓘ❾が設立され、近衛文麿の筆による碑も建てられている。近年は平良港でも大型クルーズ船の接岸を可能にする改修が進み、沿岸にはリゾートホテルが立ち並ぶなど風景は大きく変貌しつつある。

宮古島の北にある池間島Ⓙ❿の島民とそこから分村した伊良部島の佐良浜《さらはま》Ⓚ⓫、宮古島北部の西原Ⓛの3地区は「海洋池間民族」として独自のアイデンティティを有し、今も宮古節《ミャークヅツ》とよばれる伝統行事を継承している。この文化には、県下に名を轟かせた池間・佐良浜の漁師の名声が関係している。とりわけ佐良浜は大正時代ごろからカツオ漁で空前の賑わいを見せ、日本の南洋進出とともに、南太平洋のパプアニューギニアやソロモン諸島へも船を進めた。先の大戦で休止したものの、戦後は高い漁撈技術を買われて再び南洋へと繰り出している。パラオやサイパンでは、日本語よりも宮古語が通じたという逸話さえある。

排他的経済水域の制定で遠洋漁業は衰退に向かうが、佐良浜は依然として近海カツオ漁の漁業基地の地位を占めている。アギヤーと呼ばれるカツオの釣餌となるグルクンの追込漁の技術も、細々とながら佐良浜に伝わる。池間民族が去った南洋の島々には、彼らが残したパヤオなどの漁法が今日に活かされている。

❿池間島

❽福里地下ダム水位観測施設

❺大神島のノッチ

❼海岸にある天然井戸（サバウツガー）

❾うえのドイツ文化村

【池間島】

面積	2.83㎢
周囲	11.2㎞
標高	28m
人口	511人

【伊良部島】

面積	29.06㎢
周囲	72.4㎞
標高	（牧山）89m
人口	4,494人

【下地島】

面積	9.68㎢
周囲	32.3㎞
標高	22m
人口	88人

【宮古島】

面積	158.93㎢
周囲	133.5㎞
標高（ナカオ嶺）	113m
人口	47,676人

【来間島】

面積	2.84㎢
周囲	6.5㎞
標高	47m
人口	139人

宮《み》古《や》諸《こ》島《しょとう》

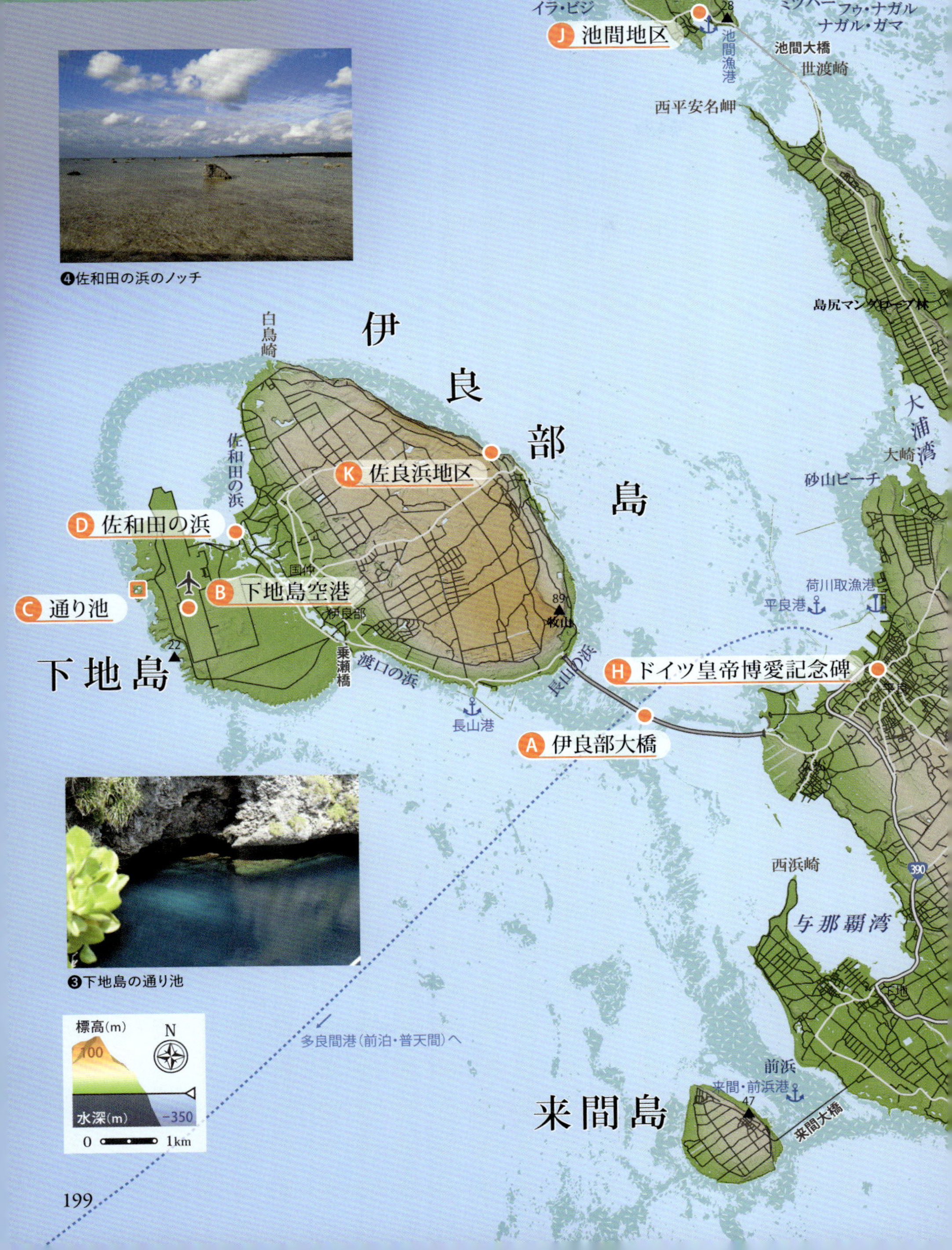

❹佐和田の浜のノッチ

❸下地島の通り池

北方四島

択捉島《えとろふとう》（北海道留別村《るべつ》・紗那村《しゃな》・蘂取村《しべとろ》）

名称の由来はアイヌ語で「岬のあるところ」。国後島と同様、北方四島の中で最大の面積（３１６７㎢）を誇る。最高峰は西単冠山《にしひとかっぷやま》（１６２９ｍ）。１９４１年11月、中央部にある単冠湾に帝国海軍の機動部隊が集結し、真珠湾攻撃に向けて出撃した。

国後島《くなしりとう》（北海道泊村・留夜別村《るよべつ》）

面積１４８９㎢で沖縄本島より広い。「国後富士」とも呼ばれる最高峰の爺々岳《ちゃちゃだけ》（１７７２ｍ）を筆頭に活火山が北東—南西方向に並ぶ。名称の由来はアイヌ語で「草の島」。

色丹島《しこたんとう》（北海道色丹村）

面積２４７・７㎢。昭和初期までは日本18景のひとつにも数えられ、名称の由来はアイヌ語で「大きな集落のある地」。火山性ではないが全体的に起伏に富む丘陵地形を有する。最高峰は斜古丹《しゃこたん》岳（４１３ｍ）。

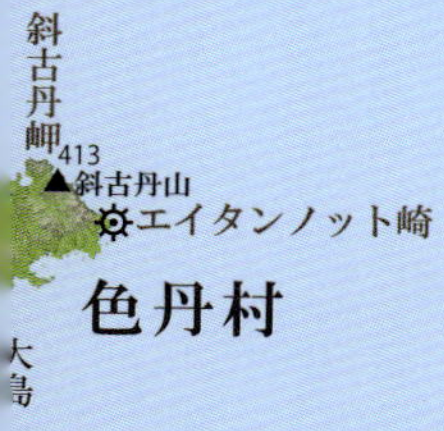

【択捉島】

面積	3166.6㎢
周囲	—
標高（西単冠山）	1,629m
人口	—

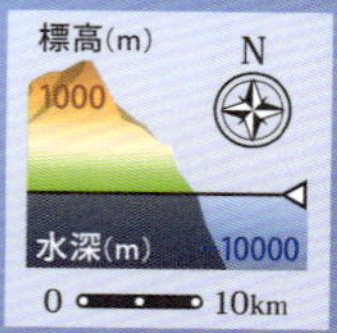

北方四島《ほっぽうよんとう》

歯舞群島《はぼまいぐんとう》（北海道根室市）

貝殻島《かいがらじま》、水晶島《すいしょうとう》、秋勇留島《あきゆりとう》、勇留島《ゆりとう》、志発島《しぼつとう》、多楽《たらく》島《とう》などの島々からなり、総面積で約95㎢。最も近い貝殻島で日本本土最東端の納沙布岬から3・7㎞の位置にある。名称の由来はアイヌ語で「流氷のある島」。

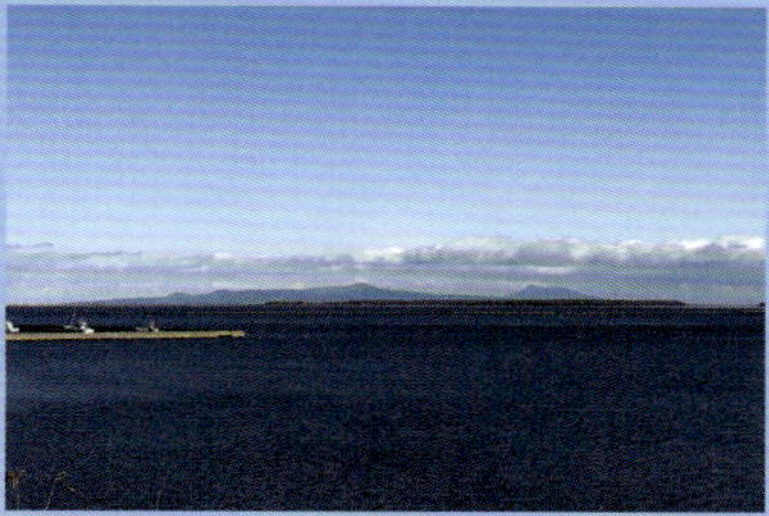

国後島

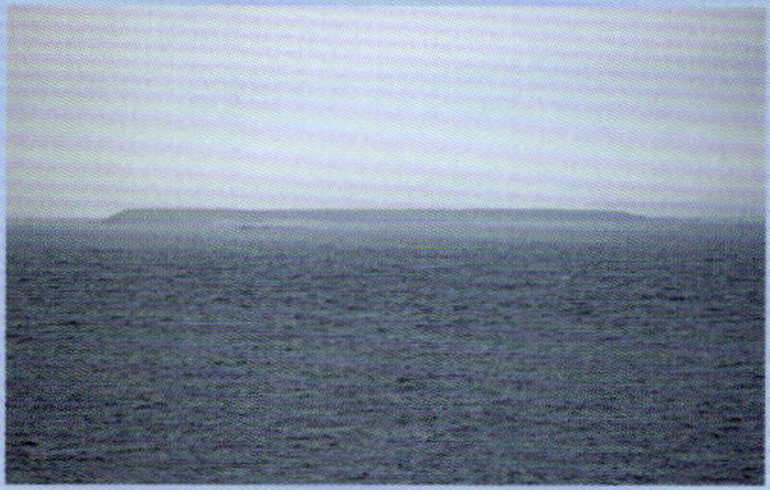

納沙布岬から望む水晶島

【国後島】

面積	1489.3㎢
周囲	―
標高	（爺爺岳）1,772m
人口	―

【色丹島】

面積	247.7㎢
周囲	―
標高	（斜古丹山）413m
人口	―

竹島

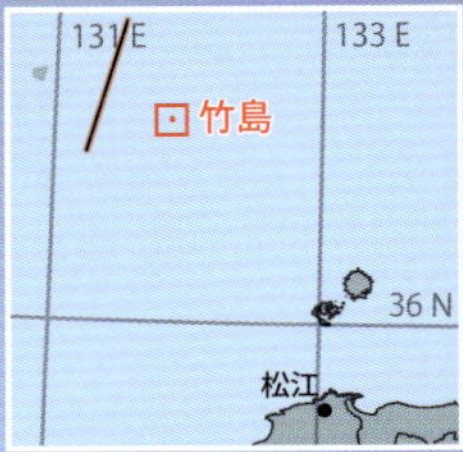

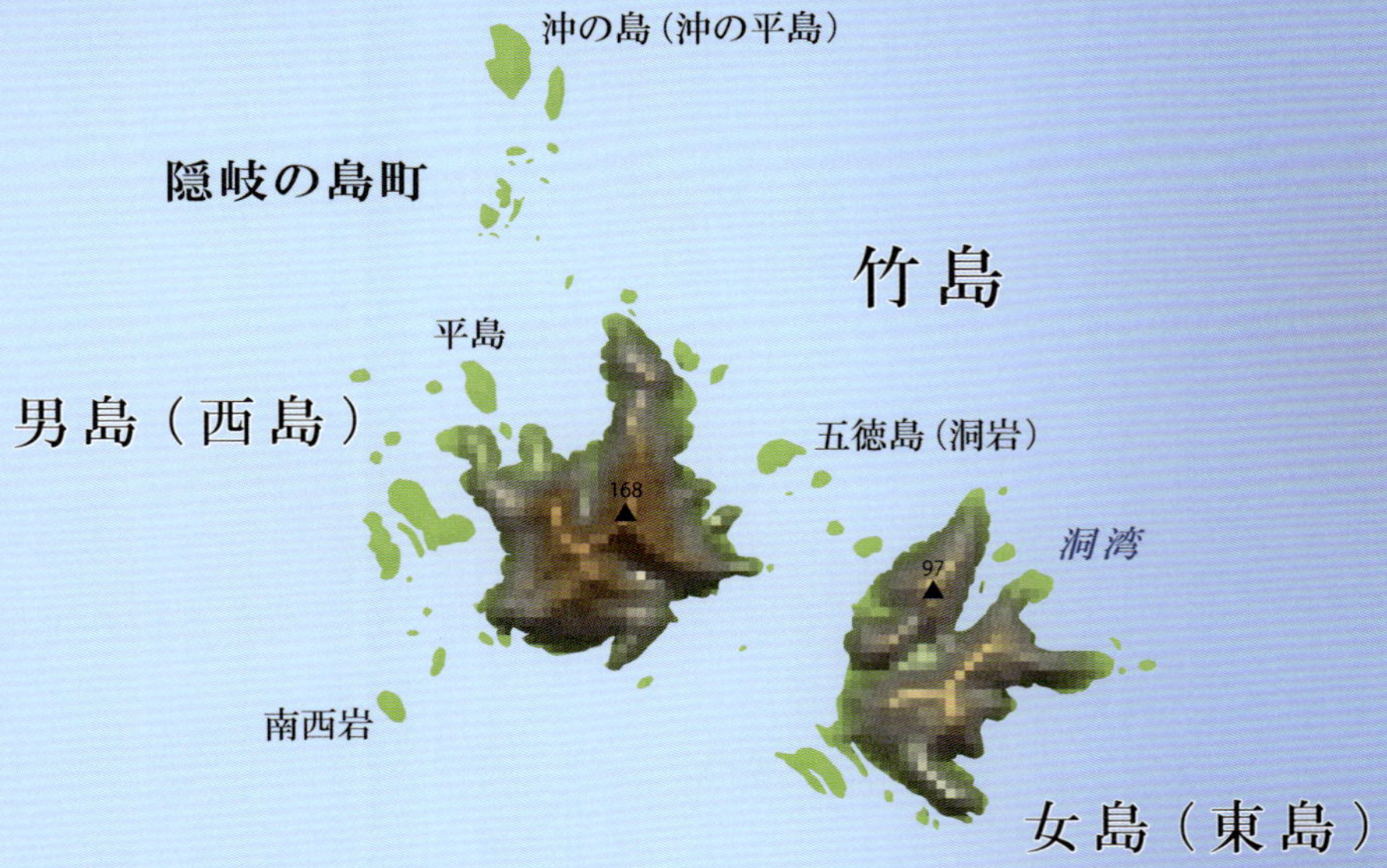

竹島（島根県隠岐の島町）

島根半島から約２１１km、隠岐の島から約１５８kmの距離にあり、男島《おじま》（西島《にしじま》）と女島《めじま》（東島《ひがしじま》）、数十の岩礁からなる。総面積は約20㎢、いずれも急峻な火山島で、西島は安山岩質の凝灰岩、東島は安山岩が主体とされる。侵食が進み、周囲は断崖絶壁となっている。

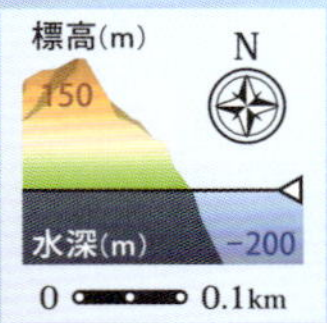

【男島（西島）】

面積	―
周囲	―
標高	168m
人口	―

【女島（東島）】

面積	―
周囲	―
標高	97m
人口	―

領土の島々　**尖閣諸島《せんかくしょとう》**

魚釣島

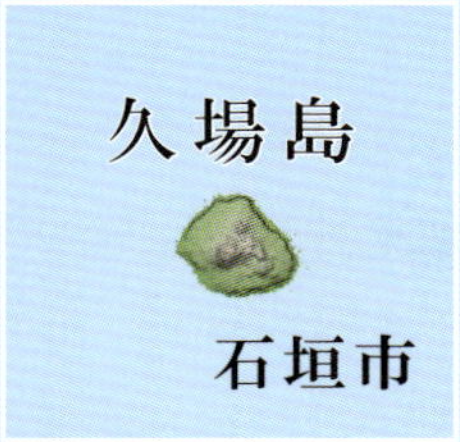

【久場島】

面積	0.91㎢
周囲	3.5Km
標高	117m
人口	―

【大正島】

面積	0.06㎢
周囲	1Km
標高	75m
人口	―

【魚釣島】

面積	3.81㎢
周囲	11Km
標高	362m
人口	―

【沖の北岩】

面積	0.05㎢
周囲	―
標高	28m
人口	―

【沖の南岩】

面積	0.01㎢
周囲	―
標高	10m
人口	―

【南小島】

面積	0.4㎢
周囲	2.6Km
標高	139m
人口	―

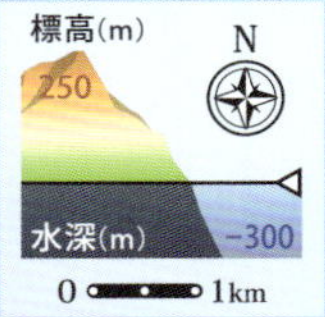

【北小島】

面積	0.31㎢
周囲	3.1Km
標高	125m
人口	―

尖閣諸島(沖縄県石垣市)

与那国島から約150km、台湾から約170km離れた東シナ海にある島嶼群で、魚釣島、北小島、南小島、久場島、大正島、沖ノ北岩、沖ノ南岩、飛瀬などの島々で構成される。総面積は約5・53km²。

魚釣島《うおつりしま》

面積約3・81km²、大部分は堆積岩(砂岩・礫岩)からなる。最高峰の奈良原岳(362m)。北側は比較的なだらかだが、南側は断崖絶壁となっている。周辺に「隆起サンゴ礁」が分布する。

北小島《きたこじま》・南小島《みなみこじま》

魚釣島と同じように砂岩・礫岩を主体とし、隆起サンゴ礁が囲む。アホウドリの繁殖が確認されている。

久場島《くばしま》

5つ以上の火口がある成層火山で、数千年前に噴火があったとされる。玄武岩質の溶岩からなる。別名、黄尾嶼《こうびしょ》。

大正島《たいしょうとう》

別名赤尾嶼《せきびしょ》。他の尖閣諸島の島々から100kmほど離れている。玄武岩が基盤とされ、侵食が進み海食崖が残る。

■参考文献一覧（書籍・文献等）

編著者	発行年	書名（タイトル）	巻号頁（文献）	版元
石原俊	2013/12	〈群島〉の歴史社会学―小笠原諸島・硫黄島、日本・アメリカ、そして太平洋世界		弘文堂
大畠 順子	2018/7	離島ひとり旅		辰巳出版
貝塚爽平ほか 編著	2000-2006	日本の地形　全7巻		東京大学出版会
笠岡市史編さん室	1996	笠岡市史　第三巻		笠岡市
笠岡市史編さん室	2003	笠岡市史　第四巻		笠岡市
加藤 庸二	2013/4	原色 日本島図鑑 改訂第2版		新星出版社
斎藤 潤	2018/11	日本の島 産業・戦争遺産		マイナビ出版
斎藤 潤	2019/7	シニアのための島旅入門		産業編集センター
斉藤 政喜	2010/3	シェルパ斉藤の島旅はいつも自転車で		二玄社
佐渡市	2023/3	佐渡市小木町伝統的建造物群保存対策調査報告書		佐渡市
佐藤 正隆	2012/12	中世後期における伊予守護河野氏と島嶼部領主 ―忽那氏および二神氏の趨勢―	Vol.53 pp.25-56	国史談話会雑誌
高宮 広土・河合 渓・桑原 季雄	2016/3	鹿児島の島々 ―文化と社会・産業・自然		南方新社
東京地図研究社	2014/4	地形のヒミツが見えてくる 体感!東京凸凹地図		技術評論社
中川 明子・石丸 七海・津森 省吾・森 正太郎・中嶋 泰史	2017/1	周南市大津島の石柱構造物に関する研究	No41, p.1-6	徳山工業高等専門学校研究紀要
長嶋俊介	2019/6	日本ネシア論		藤原書店
長嶋俊介・渡辺幸重	2022/12	新版 日本の島事典	上・下巻	三交社
日本離島センター	2019/11	日本の島ガイド SHIMADAS（シマダス）（新版）		日本離島センター
日本離島センター	2023/11	島々の日本 第3刷		日本離島センター
ネイチュアエンタープライズ	2017/8	しま山100選―登山で見つける、新しい島の魅力		ネイチュア エンタープライズ
平岡 昭利・須山 聡・宮内 久光	2018/10	図説 日本の島―76の魅力ある島々の営み		朝倉書店
平賀 友規	2018/3	湖底の凸凹地図	56巻1号 p.92	日本地図学会
福田 珠己	1996/9	赤瓦は何を語るか―沖縄県八重山諸島竹富島における町並み保存運動―	Vol.69 No.9 pp.727-743	地理学評論
三重県鳥羽市	2014/3	鳥羽の島遺産100選		鳥羽市
山口 哲也	2020/12	小呂島環境調査による歴史の解明－近世史と国生み神話に関連して－	No.3, pp.47-56	福岡工業大学総合研究機構研究所所報
山と溪谷社	2006/5	地図帳 日本の島100		山と溪谷社

■参考文献一覧(Web)

管理者等	タイトル(Web)
ACワークス株式会社	写真AC URL https://www.photo-ac.com/
GeoInformation Portal Hub	地形・地質情報ポータルサイト URL https://www.web-gis.jp/
Natural Earth	Natural Earth URL https://www.naturalearthdata.com/
Takeshi Tamura	四国徳島に生息するサンショウウオ URL http://jci-tws.com/salamander/index.html
愛知県	三河湾におけるブルーカーボン推進の取組について【2023年度事業】 URL https://www.pref.aichi.jp/soshiki/mizutaiki/bluecarbon2023.html
伊良部漁業協同組合	佐良浜の漁業 URL http://irabu-gyokyo.com/p01gyogyou.html
愛媛県生涯学習センター	えひめの記憶 URL http://ilove.manabi-ehime.jp/system/regionals/regionals/search
隠岐ジオパーク推進機構	隠岐ユネスコジオパーク URL https://www.oki-geopark.jp/
海上保安庁 海洋情報部	海域火山データベース URL https://www1.kaiho.mlit.go.jp/kaiikiDB/list-2.htm
外務省	日本の領土をめぐる情勢 URL https://www.mofa.go.jp/mofaj/territory/index.html
環境省	奄美野生生物保護センター URL https://kyushu.env.go.jp/okinawa/awcc/index.html
環境省生物多様性センター	自然環境保全基礎調査 サンゴ調査GISデータ URL https://www.biodic.go.jp/kiso/34/34_higat.html
気象庁	火山観測データ URL https://www.data.jma.go.jp/vois/data/obs/kansoku/data_index.html
国土交通省	国土数値情報「行政区域」(令和6年) URL https://nlftp.mlit.go.jp/ksj/gml/datalist/KsjTmplt-N03-2024.html
国土庁土地局	5万分の1土地分類基本調査 URL https://nlftp.mlit.go.jp/kokjo/inspect/inspect.html
国土地理院	地理院地図 URL https://maps.gsi.go.jp/
国土地理院	日本の島の数 URL https://www.gsi.go.jp/kihonjohochousa/islands_index.html
産業技術総合研究所 地質調査総合センター	地質図Navi URL https://gbank.gsj.jp/geonavi/geonavi.php
産業技術総合研究所 地質調査総合センター	日本の火山 URL https://gbank.gsj.jp/volcano/index.htm
瀬戸内国際芸術祭 実行委員会事務局	瀬戸内国際芸術祭2025 URL https://setouchi-artfest.jp/
総務省統計局	令和2年国勢調査小地域統計 URL https://www.stat.go.jp/data/kokusei/2020/kekka.html
東京諸島観光連携推進協議会	Tokyo 11 Islands(東京11アイランドガイド) URL https://www.tokyo-islands.com
東京都	こんなにも近い!東京の島々 URL https://www.koho.metro.tokyo.lg.jp/2024/01/02.html
東京都港湾局	東京都の離島情報 URL https://www.kouwan.metro.tokyo.lg.jp/rito/rito-info/island
特定非営利活動法人 マングローバル	鹿児島&沖縄マングローブ探検 URL https://www.manglobal.or.jp/
内閣官房 領土・主権対策企画調整室	国際社会の法と秩序を尊重する日本の対応 URL https://www.cas.go.jp/jp/ryodo/taiou/index.html
内閣府	北方領土の概要 URL https://www8.cao.go.jp/hoppo/menu/sugata.html
長崎県	小値賀諸島の文化的景観 URL https://www.pref.nagasaki.jp/bunkadb/index.php/view/385
新潟県	佐渡島(さど)の金山 URL https://www.sado-goldmine.jp/
日本離島センター	しましまネット URL https://www.nijinet.or.jp/info/search/tabid/66/Default.aspx
文化庁	文化遺産オンライン URL https://bunka.nii.ac.jp/
離島経済新聞社	ritokei URL https://ritokei.com

あとがき

『大人のための離島探訪』、いかがだったでしょうか。

２０２０年春、新型コロナウイルス感染症の拡大により世間は一変、移動を伴う旅行・観光は自粛を余儀なくされました。あれから5年の月日が流れ、ようやく平穏な日々が戻りつつありますが、今度は急激なインバウンド需要の拡大で国内の主要な観光地がオーバーツーリズムという新たな問題に直面しています。

そんな中で、海で隔てられ独自の生活空間を築いてきた離島は、忙しない日常とは別の世界を見せてくれます。徒歩やクルマですぐ渡れる島もあれば、何時間も船に揺られなければ辿り着けない絶海の孤島もありますが、そのいずれにも現代日本人が忘れてしまいがちな文化や自然がそこかしこに残っていて、一歩足を踏み入れれば、異国にやってきたような錯覚に陥ることもあるでしょう。

本書では私たち東京地図研究社が得意とする地形表現と地理概説を軸に、離島の知られざる魅力に迫ってみました。もしかしたら地図や写真を見て「こんな場所があったのか！」と驚かれることもあるかもしれません。実際、観光や調査で訪れた島々なのに全く気づかなかった新たな一面を知ったということも多々あり、執筆陣でもある私自身（石川）は本書の編集中にすっかり離島巡りにハマってしまった1人です。

ブームに乗りリゾート化が著しい島もある一方で、少子高齢化や過疎化の影響で社会基盤存続の危機にある島も珍しくありませんが、厳しい自然環境に揉まれながらも脈々と受け継がれてきた風土や、そこで粛々と暮らす人々と向き合うことで、我々日本人が失いかけていた大切な何かを取り戻せるようにも思えるのです。本書がそのきっかけになることを願っています。

最後に、数々の素晴らしい写真や貴重な資料をご提供くださった皆さま、また日常業務にかまけて遅延を繰り返す我々を叱咤激励し、本書の完成に導いてくださった技術評論社の谷戸伸好氏とデザイナーの田中望氏に心からお礼申し上げます。

２０２４年12月　編集スタッフ一同を代表して（石川 剛）

■執筆者略歴

石川 剛（東京地図研究社）
北海道大学大学院 理学研究科地質学鉱物学専攻修了。大手航空写真測量会社、システム開発ベンチャーを経て２００５年入社。

小竹 尊晴（東京地図研究社）
東京大学大学院 総合文化研究科広域科学専攻広域システム科学系修了。２０２０年入社。

田村 いずみ（東京地図研究社）
國學院大學 文学部史学科卒。２０２３年入社。

鈴木 敬子（東京地図研究社）
国士舘大学大学院 人文科学研究科人文科学専攻修了。公務員、団体職員を経て２０１１年入社。

菱山 剛秀（東京地図研究社）
国土地理院を定年退官後、団体職員を経て２０１６年入社。

渋野 豊也（フリー）
早稲田大学第一文学部卒。出版社勤務後、文筆業に従事。

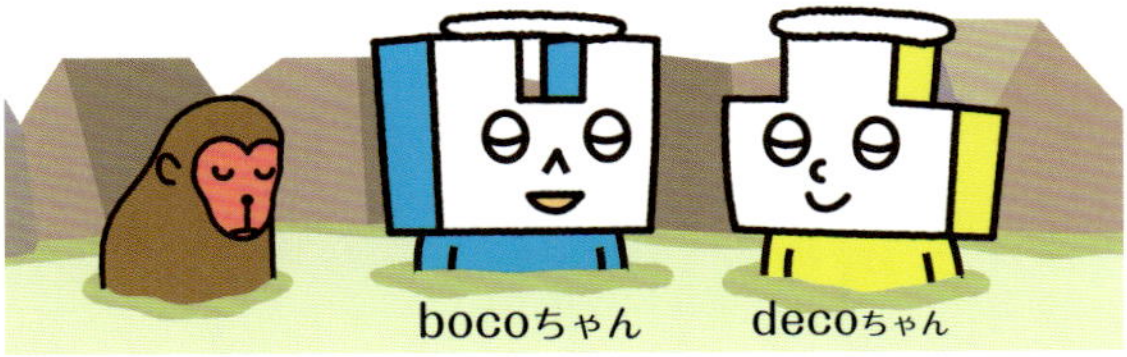

■使用データ

○国土地理院
基盤地図情報５ｍメッシュ（標高）、１０ｍメッシュ（標高）
数値地図（国土基本情報）
地理院地図

○国土交通省
国土数値情報

○環境省生物多様性センター
自然環境保全基礎調査 サンゴ礁調査Ｇ－Ｓデータ
http://gis.biodic.go.jp/webgis/sc-025.html?kind=sa
※サンゴ礁の分布範囲は上記データを使用し、当社が作成、加工

○Natural Earth

○NOAA National Centers for Environmental Information
ETOPO 2022 15 Arc-Second Global Relief Model.

■使用ソフトウェア（地図関係）

Esri 社 ArcGIS Desktop(ArcMap)、ArcGIS Pro
Adobe 社 Illustrator、Photoshop

■地形表現（地図関係）

東京地図研究社　凸凹地図スタンダード（多重光源陰影段彩図）

◆株式会社東京地図研究社◆

１９５８年の創業以来、地形図をはじめ地図製作のプロフェッショナルとして知識と技術を蓄えてきた。
近年は「地図に未来を、未来を地図に。」をモットーに、ＧＩＳによる高度な地理空間情報の解析やＷｅｂマップ作成、地図デザインなど、時代とお客様のニーズに応えるサービスを手がける。また、ＳＮＳでの発信、出版や講演などのアウトリーチ活動にも積極的にも取り組んでいる。主な著書・活動として『地形のヒミツが見えてくる！東京凸凹地図』（技術評論社、２０１４年）、「ブラタモリ」（ＮＨＫ、２００９年～）への制作協力など。

測量法に基づく国土地理院長承認（使用）R 6JHs 476
背景図は数値地図（国土基本情報）を拡大して使用しているので、位置精度は基図に準じます。

企画・編集
石川剛（東京地図研究社）

地図製作
綿重愛、鈴木敬子、齊藤祐紀子、熊谷新（東京地図研究社）

執筆
石川剛、小竹尊晴、田村いずみ、鈴木敬子、菱山剛秀（以上、東京地図研究社）、渋野豊也

装丁・本文デザイン・DTP
田中望（Hope Company）

進行・編集
谷戸伸好（技術評論社）

大人《おとな》のための離島探訪《りとうたんぼう》
——島《しま》の不思議《ふしぎ》を凸凹地図《でこぼこちず》で体感《たいかん》！

2025 年 2 月 11 日　初版第 1 刷発行

著　者　東京地図研究社《とうきょうちずけんきゅうしゃ》
発行者　片岡 巌
発行所　株式会社技術評論社
東京都新宿区市谷左内町 21-13
電話 03-3513-6150 販売促進部
電話 03-3267-2270 書籍編集部
印刷・製本　株式会社シナノ

ISBN978-4-297-14667-2 C3025
Printed in Japan

本書に関するお問い合わせに関しまして
本書の内容に関するご質問は、下記の宛先まで書面にてお送りください。お電話によるご質問および本書に記載されている内容以外のご質問には、お答えできません。あらかじめご了承ください。

• 宛先
新宿区市谷左内町21-13
株式会社技術評論社 書籍編集部
「大人のための離島探訪
～島の不思議を凸凹地図で体感！」係
• FAX：03-3267-2271
• 技術評論社Webサイト：
https://gihyo.jp/book/